职业教育教学改革规划教材

数控车工技能训练项目教程（中级）

主　编　朱兴伟　蒋洪平

副主编　黄战平

参　编　汪立俊　严江　蔡苏明

机械工业出版社

本书采用项目教学模式，全面介绍数控车工职业技能（中级）考核所需的工艺、编程方法和操作加工技术等知识。

全书共分三篇。第一篇是基础篇，包括数控车床概述、数控车床的操作、数控系统编程和数控加工仿真等基础知识；第二篇是技能篇，包括十个递进的数控车工（中级）技能训练项目；第三篇是鉴定篇，包括五套数控车工职业技能（中级）考核试卷。本书通过对典型案例进行分析，按"项目描述→项目教学目标→项目实施→项目总结"的步骤展开项目训练，使学生快速、全面地掌握数控车削加工工艺分析与设计、编程和操作加工技术等知识。

本书可以作为职业院校数控技术、模具设计与制造、CAD/CAM、机电一体化等专业的教材，也可以作为工程技术人员的参考用书。

图书在版编目（CIP）数据

数控车工技能训练项目教程：中级/朱兴伟，蒋洪平主编. —北京：机械工业出版社，2011.7（2023.8 重印）
职业教育教学改革规划教材
ISBN 978-7-111-34784-2

Ⅰ.①数… Ⅱ.①朱…②蒋… Ⅲ.①数控机床：车床-车削-职业教育-教材 Ⅳ.①TG519.1

中国版本图书馆 CIP 数据核字（2011）第 103748 号

机械工业出版社（北京市百万庄大街 22 号　邮政编码 100037）
策划编辑：齐志刚　责任编辑：齐志刚　王海霞　版式设计：霍永明
责任校对：薛　娜　封面设计：鞠　杨　　　责任印制：郜　敏
中煤（北京）印务有限公司印刷
2023 年 8 月第 1 版第 9 次印刷
184mm×260mm·10.25 印张·248 千字
标准书号：ISBN 978-7-111-34784-2
定价：35.00 元

电话服务　　　　　　　　　　网络服务
客服电话：010 - 88361066　　机　工　官　网：www.cmpbook.com
　　　　　010 - 88379833　　机　工　官　博：weibo.com/cmp1952
　　　　　010 - 68326294　　金　书　　网：www.golden-book.com
封底无防伪标均为盗版　机工教育服务网：www.cmpedu.com

前　言

　　本书针对职业院校数控技术、模具设计与制造、CAD/CAM、机电一体化等专业教育人才培养目标及规格的要求，以就业为导向，紧紧围绕"以能力为本位、以项目课程为主体、以职业实践为主线的模块化课程体系"（简称"三以一化"）的课程改革理念，并结合岗位实际和职业技能考核标准编制而成。

　　本书共分三篇。第一篇是基础篇，包括数控车床概述、数控车床的操作、数控系统编程和数控加工仿真等基础知识；第二篇是技能篇，包括十个递进的数控车工（中级）技能训练项目；第三篇是鉴定篇，包括五套数控车工职业技能（中级）考核试卷。本书通过对典型案例进行分析，按"项目描述→项目教学目标→项目实施→项目总结"的步骤展开项目训练，使学生快速、全面地掌握数控车削加工工艺分析与设计、编程和操作加工技术等知识。

　　本书由江苏联合职业技术学院朱兴伟、蒋洪平任主编，由黄战平任副主编，全书由蒋洪平统稿。参加编写人员及具体编写分工如下：朱兴伟（基础篇第一、第二、第三、第四章，技能篇项目二、项目五、项目六、项目七、项目十，鉴定篇样卷三、四、五，附录 A、B、C、D），蒋洪平（技能篇项目四，鉴定篇样卷一、二，附录 E），黄战平（技能篇项目八），汪立俊（技能篇项目三），严江（技能篇项目一），蔡苏明（技能篇项目九）。

　　本书在编写过程中得到了有关学校领导和行业、企业一线专家的大力支持和帮助，在此谨向他们表示衷心的感谢。

　　由于时间仓促，加之编者水平有限，书中难免存在不当和错误之处，敬请广大读者谅解，并真诚欢迎读者批评指正。

编　者

目 录

第一篇

基础篇

第一章 数控车床概述

顾名思义，数控（Numerical Control，NC）机床是一类由数字程序控制的机床。它是将事先编好的程序输入机床的专用计算机，由计算机指挥机床各坐标轴的伺服电动机，从而控制机床各运动部件的先后动作、速度和位移量，并与选定的主轴转速相配合，最终加工出各种不同工件的设备。

数控车床是能自动完成轴类及盘类零件内外圆柱面、圆锥面、圆弧面、螺纹及各种回转曲面的切削加工，并能进行切槽、钻孔、扩孔和铰孔等工作的机床。它是目前国内使用量最大，覆盖面最广的一种数控机床。

第一节 数控车床的特点及种类

一、数控车床的特点

1. 加工精度高，产品质量稳定

数控车床是按程序指令进行加工的。由于数控车床的脉冲当量普遍可达到0.001mm，其传动系统和车床结构都具有很高的刚度和热稳定性，而且进给系统采用了消除间隙措施，反向间隙与丝杠螺距误差等可由数控装置进行自动补偿，因此数控车床能达到最高的加工精度。对于中、小型数控车床，定位精度普遍可达0.03mm，重复定位精度为0.01mm。又因为数控车床加工完全是自动进行的，消除了操作者人为产生的误差，所以同一批工件的尺寸一致性好，加工质量十分稳定。

2. 适应性强，适合加工单件或小批量复杂工件

在数控车床上改变加工工件时，只需要重新编制（更换）程序，就能实现新工件的加工。用数控车床加工工件时，只需要简单的夹具，因此在加工工件改变后，不需要制作特别的工装夹具，更不需要重新调整车床。这就为结构复杂工件的单件、小批量生产及试制新产品提供了极大的便利。对于那些利用手工操作的一般车床很难加工或无法加工的精密复杂零件，数控车床也能实现自动加工。

3. 自动化程度高，劳动强度低

数控车床对工件的加工是按事先编好的程序自动完成的，工件加工过程中不需要人的干预，加工完毕后自动停车，使操作者的劳动强度与紧张程度大为减轻。另外，数控车床一般都具有较好的安全防护、自动排屑、自动冷却和自动润滑装置，操作者的劳动条件也大为改善。

4. 生产效率高

加工工件所需的时间主要包括机动时间和辅助时间两部分。数控车床能有效地减少这两部分的时间。数控车床主轴的转速和进给量的变化范围比普通车床大，从而可以选用最有利的切削用量。由于数控车床的结构刚性好，能使用大切削用量的强力切削，从而提高了数控

车床的切削效率，节省了机动时间。数控车床移动部件的空行程运动速度快，工件装夹时间短，辅助时间比一般车床少。

数控车床更换工件时，不需要调整车床。同一批工件的加工质量稳定，不需停机检验，使辅助时间大大缩短。在加工中心进行加工时，一台机床可以实现多道工序的连续加工，生产效率的提高更加明显。

5. 有利于生产管理的现代化

数控车床加工工件，能准确地计算零件的加工工时和费用，有效地简化了检验工装夹具和半成品的管理工作，有利于生产管理的现代化。

二、数控车床的种类

数控车床的品种繁多，常见的分类方法如下。

1. 按数控系统的功能分类

（1）经济型数控车床　一般采用步进电动机驱动形成开环伺服系统，其控制部分采用单板机或单片机。此类车床的结构简单，价格低廉，无刀尖圆弧半径自动补偿和恒线速切削等功能。

（2）全功能型数控车床　此类车床一般采用闭环和半闭环控制系统，具有高刚度、高精度和高效率等特点。

（3）车削中心　它是以全功能型数控车床为主体，配置了刀库、换刀装置、分度装置、铣削动力头和机械手等装置，可以实现多工序复合加工的机床。在一次装夹后，车削中心可以完成回转类零件的车、铣、钻、铰、攻螺纹等多种加工工序，其功能全面，但价格较高。

（4）FMC（柔性制造系统）车床　它实际上是一个由数控车床、机器人等构成的柔性加工单元。FMC车床能实现工件的搬运，装卸的自动化和加工调整准备的自动化。

2. 按加工零件的基本类型分类

（1）卡盘式数控车床　这类车床未设置尾座，适于车削盘类零件。其夹紧方式多为电动或液压控制，卡盘多数具有卡爪。

（2）顶尖式数控车床　这类车床设置有普通尾座或数控尾座，适合车削较长的轴类零件及直径不太大的盘、套类零件。

3. 按主轴的配置形式分类

（1）卧式数控车床　其主轴轴线处于水平位置，又可分为水平导轨式数控车床和倾斜导轨式数控车床（其倾斜导轨结构可以使车床具有更大的刚性，并易于排屑）。

（2）立式数控车床　其主轴轴线处于垂直位置，并有一个直径很大的圆形工作台，供装夹工件用。这类车床主要用于加工径向尺寸大、轴向尺寸较小的大型复杂零件。

第二节　数控车床的结构及加工过程

一、数控车床的结构

数控车床是数字程序控制车床的简称，CKA6150数控车床的结构外观如图0-1所示。

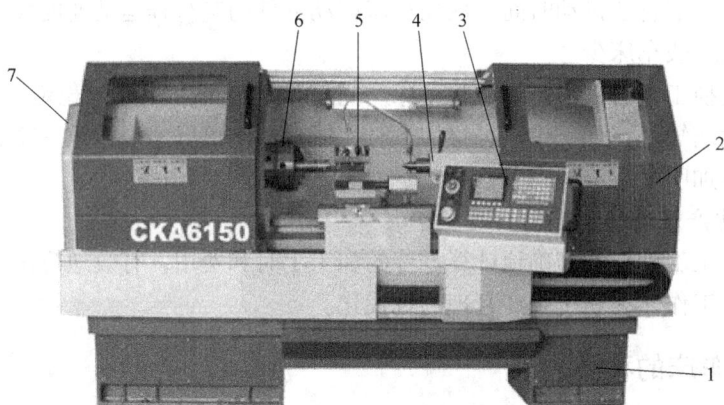

图 0-1　CKA6150 数控车床的结构外观图
1—床身　2—防护门　3—操作面板　4—尾座　5—刀架　6—卡盘　7—主轴箱

数控车床主要由以下几部分组成。

1. 控制介质与程序输入输出设备

控制介质是记录零件加工程序的载体，是人与车床建立联系的介质。程序输入输出设备是数控装置与外部设备进行信息交换的装置，其作用是将记录在控制介质上的零件加工程序传递并存入数控系统内，或将调试好的零件加工程序通过输出设备存放或记录在相应的介质上。

2. 数控装置

数控装置是数控车床的核心，包括微型计算机、各种接口电路、显示器等硬件及相应的软件。数控装置的作用是接受由输入设备输入的各种加工信息，经过编译、运算和逻辑处理后，输出各种控制信息和指令，控制车床各部分，使其按程序要求实现规定的有序运动和动作。

3. 伺服系统

伺服系统是数控装置和车床的联系环节，包括进给伺服驱动装置和主轴伺服驱动装置。进给伺服驱动装置由进给控制单元、进给电动机和位置检测装置组成，并与车床上的执行部件和机械传动部件组成了数控车床的进给系统。伺服系统的作用是接收数控装置输出的指令脉冲信号，驱动车床的移动部件（刀架或工作台）按规定的轨迹和速度移动或精确定位，加工出符合图样要求的工件。

4. 辅助控制装置

辅助控制装置的主要作用是接收由数控装置输出的开头量指令信号，经过编译、逻辑判断和运动，再经功率放大后驱动相应的电器，带动车床的机械、液压、气动等辅助装置完成指令规定的开关动作。这些控制包括主轴运动部件的变速、换向、启动和停止，刀具的选择和交换，冷却、润滑装置的启动和停止，工件和车床部件的松开、夹紧，分度工作台转位分度等开关的辅助动作。

5. 车床本体

车床本体是加工运动的实际机械机构，它主要包括：主运动机构、进给运动机构和支承部件（如床身、立柱）等。

数控车床的机械传动机构与卧式车床相比已大大简化，保留了部分主轴箱内的齿轮传动，取消了交换齿轮箱、进给箱、溜板箱和绝大部分的传动机构。

二、数控车床的加工过程

数控车床的加工过程如图0-2所示。其主要步骤如下：

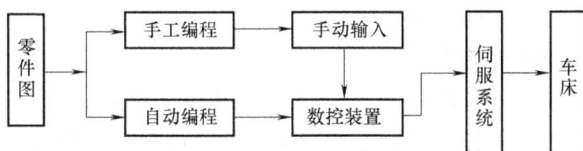

图 0-2　数控车床的加工过程

1）根据被加工零件的零件图所规定的零件形状、尺寸、材料及技术要求等，制订零件加工的工艺过程，确定刀具相对于零件的运动轨迹，选择合理的切削参数及辅助动作的顺序等。

2）按规定的代码和程序格式，用手工编程或计算机自动编程的方法完成零件加工程序的编写。

3）通过车床操作面板将加工程序输入数控装置，或通过通讯接口（键盘、软驱、USB、网络和伺服卡等）传送。

4）数控车床启动后，数控装置根据输入的信息进行一系列的运算和信息控制处理，将结果以脉冲的形式送入车床的伺服机构。

5）伺服机构驱动车床的运动部件，使车床按程序预定的轨迹运动，加工出合格的零件。

三、数控车床的主要加工对象

数控车床与卧式车床一样，主要用于轴类、盘类等回转体零件的加工。例如，加工各种内外圆柱面、圆锥面、圆柱螺纹、圆锥螺纹；完成切槽，钻、扩、铰孔等工序。数控车床还可以完成卧式车床不能完成的圆弧、由各种非圆曲面构成的回转面、非标准螺纹、变螺距螺纹等表面的加工。数控车床特别适合于形状复杂零件或中、小批量零件的加工。

1. 精度要求高的零件

由于数控车床的刚性好，制造精度高，并且能方便地进行人工补偿和自动补偿，因此它能加工精度要求较高的零件，甚至可以以车代磨。数控车床刀具的运动是通过高精度插补运算和伺服驱动来实现的，并且一次装夹工件可完成多道工序的加工，因此提高了所加工工件的形状精度和位置精度。

2. 表面粗糙度值小的回转体

数控车床能加工表面粗糙度值小的零件，这不仅是因为车床的刚性和制造精度高，还因为它具有恒线速度切削功能。使用数控车床的恒线速度切削功能，就可选用最佳线速度来切削端面，这样切削出的表面粗糙度值既小又一致。

3. 超精密、超小表面粗糙度值的零件

轮廓精度要求超高和表面粗糙度值超小的零件，适合在精度高、功能强的数控车床上加工。超精加工的轮廓精度可达 $0.1\,\mu m$，表面粗糙度值可达 $0.02\,\mu m$，超精加工所用数控系统的最小设定单位应达到 $0.01\,\mu m$。超精车削零件的材质以前主要是金属，现已扩大到塑料和陶瓷。

4. 表面形状复杂的回转体零件

由于数控车床具有直线插补和圆弧插补功能，部分车床的数控装置还有某些非圆曲线插补功能，因此可以车削由任意直线和平面曲线组成的形状复杂的回转体零件和难以控制尺寸的零件，如具有封闭内成形面的壳体零件。

5. 带有一些特殊类型螺纹的零件

数控车床不但能车削任何等螺距的直、锥螺纹和端面螺纹，而且能车削增螺距、减螺距，以及要求等螺距、变螺距之间平滑过渡的螺纹和变径螺纹。数控车床可以利用精密螺纹切削功能，采用机夹硬质合金螺纹车刀，使用较高的转速，车削精度较高的螺纹。

思考与练习

1. 数控车床由哪几部分组成？
2. 目前工厂中常用的数控系统有哪些？
3. 数控车床加工的特点有哪些？

第二章　数控车床的操作

数控车床的类型和数控系统的种类很多，各生产厂家设计的操作面板也不尽相同，但操作面板上各种旋钮、按钮和键盘上键的基本功能与使用方法基本相同。本章以型号为 CKA6150 的数控车床，选用 FANUC 0i 系统为例，介绍数控车床的操作。

第一节　操　作　面　板

数控车床操作面板一般可分为数控系统操作面板和机床操作面板。对于数控系统操作面板，只要是采用 FANUC 0i 系统，就都是相同的；对于机床操作面板，会因生产厂家的不同而有所不同，主要是按钮和旋钮的位置和设置不同。

一、FANUC 0i 车床数控系统操作面板

FANUC 0i 数控系统操作面板由两部分组成，其左侧为显示屏，右侧为编程面板（MDI 编辑面板），如图 0-3 所示（FANUC 0i Mate-TB）。

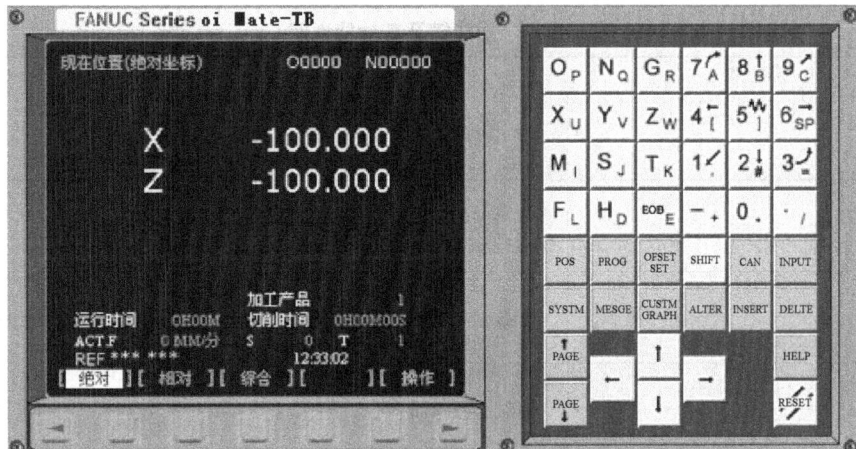

图 0-3　FANUC 0i 车床数控系统操作面板

1. 数字/字母键（表 0-1）

表 0-1　数字/字母键及其功能说明

功能键	功能说明
O_P N_Q G_R 7_A 8_B 9_C X_U Y_V Z_W 4 5 6_SP M_I S_J T_K 1 2_# 3 F_L H_D EOB_E - + . /	数字/字母键用于将数据输入到输入区域,系统自动判别取字母还是取数字。字母和数字键通过 SHIFT 键切换输入,如:O—P、7—A

2. 编辑键（表 0-2）

表 0-2　编辑键及其功能说明

功　能　键	功　能　说　明
ALTER	用输入的数据替换光标所在的数据
DELTE	删除光标所在的数据、删除一个程序或删除全部程序
INSERT	把输入区中的数据插入当前光标之后的位置
CAN	消除输入区内的数据
EOB E	结束一行程序的输入并且换行
SHIFT	按下此键再按"数字/字母键"时，输入的是"数字/字母键"右下角的字母或符号。例如，直接按下 X$_U$ 输入的为"X"；按下 shift 键，再按下 X$_U$，输入的为"U"

3. 功能键（表 0-3）

表 0-3　功能键及其功能说明

功　能　键	功　能　说　明
PROG	在 EDIT 方式下，编辑、显示存储器里的程序
POS	位置显示页面，显示现在车床的位置。位置显示有三种方式，用 PAGE 键选择
OFSET SET	参数输入页面。用于设定工件坐标系、显示补偿值和宏程序量
SYSTM	系统参数页面
MESGE	信息页面，如"报警"
CUSTM GRAPH	图形参数设置页面
HELP	系统帮助页面
RESET	当车床自动运行时按下此键，则车床的所有操作都停止。若在此状态下恢复自动运行，则程序将从头开始执行

4. 翻页键（表0-4）

表0-4　翻页键及其功能说明

功　能　键	功　能　说　明
↑ PAGE	向上翻页
PAGE ↓	向下翻页

5. 光标移动键（表0-5）

表0-5　光标移动键及其功能说明

功　能　键	功　能　说　明
↑	向上移动光标
↓	向下移动光标
←	向左移动光标
→	向右移动光标

6. 输入键（表0-6）

表0-6　输入键及其功能说明

功能键	功　能　说　明
INPUT	输入键。把输入区内的数据输入参数页面

二、FANUC 0i 车床机床操作面板

FANUC 0i 车床机床操作面板如图0-4所示。它主要用于控制车床的运行状态，由操作

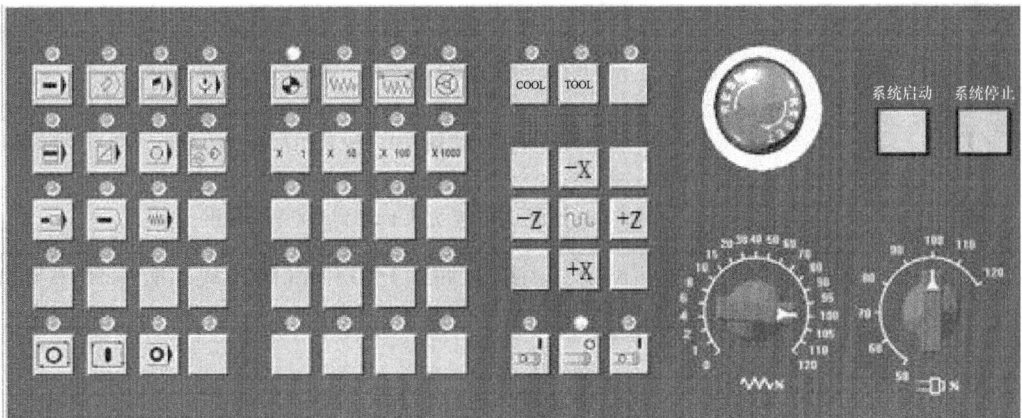

图0-4　FANUC 0i 车床机床操作面板

模式开关、主轴转速倍率调整旋钮、进给速度调节旋钮、各种辅助功能选择开关、手轮、各种指示灯等组成。

各键的功能介绍见表 0-7。

表 0-7　FANUC 0i 车床机床操作面板各键的功能

功　能　键	功　能　说　明
	AUTO 自动加工模式
	EDIT 编辑模式
	MDI 输入键
	增量进给
	手轮模式移动车床
	JOG 手动模式，手动连续移动车床
	用 232 电缆线连接 PC 和数控车床，选择程序传输加工
	回零键
	循环启动键。模式选择旋钮在"AUTO"和"MDI"位置时按下有效，其余时间按下无效
	程序停止键。在程序运行中，按下此键程序停止运行
	手动主轴正转
	手动主轴反转
	手动停止主轴
	单步执行开关。每按一次程序启动执行一条程序指令
	程序段跳读。在自动方式下按下此键，跳过程序段开头带有"/"的程序
	程序停止。在自动方式下，遇到 M00 程序停止
	车床空运行。该功能用于将工件从工作台上卸下，按下此键，各轴以固定的速度运动，以检查车床的运动
	手动示教
COOL	切削液开关

（续）

功 能 键	功 能 说 明
TOOL	在刀库中选刀
⇥	程序重启动。由于刀具破损等原因自动停止后，程序可以从指定的程序段重新启动
⇥	车床锁定开关。按下此键，车床各轴被锁住，只有程序运行
⊙	M00 程序停止。程序运行中，按下此键程序停止
X 1　X 10　X 100　X 1000	增量进给倍率选择键。选择移动车床某轴时，每一步的距离为：×1 表示 0.001mm，×10 表示 0.01mm，×100 表示 0.1mm，×1000 表示 1mm

第二节　数控车床的操作步骤

工件的加工程序编制完成后，为确定程序正确与否、刀具路径是否合理、工艺参数是否合适，需要在数控车床上进行试加工。下面根据 FANUC 0i 数控车床的功能，介绍车床的操作步骤。

一、开机与关机

1. 开机

1) 检查车床的初始状态，以及控制柜的前、后门是否关好。

2) 合上车床后面的断路器，将手柄的指示标志置于【ON】的位置。

3) 确定车床电源接通后，按下机床操作面板上的【系统启动】按钮，进入数控系统界面。右旋松开"急停"按钮，使系统复位，对应于目前的加工方式为"手动"。

4) 回参考点，也称回零。按下机床操作面板上的【回零】键。按【+X】键，再按【+Z】键，观察坐标的位置。当坐标位置为零时，回零指示灯亮，表示已回到参考点。

2. 关机

1) 确认车床的运动全部停止，按下机床操作面板上的【系统停止】按钮，CNC 系统电源将被切断。

2) 将主电源开关置于【OFF】位置，切断车床电源。

二、手动操作

1. 点动操作

按【手动】键，先设定进给修调倍率，再按【+Z】、【-Z】、【+X】或【-X】键，使坐标轴连续移动。在点动进给时，同时按下【快进】键，则相应的轴会作正向或负向快速运动。

2. 增量进给

按下操作面板上的【增量】键（指示灯亮），再按一下【+Z】、【-Z】、【+X】或【-X】

键，则相应轴会沿选定的方向移动一个增量值。请注意【增量】与【点动】的区别，此时即使按住【+Z】、【-Z】、【+X】或【-X】键不放开，也只能移动一个增量值，而不能连续移动。

增量进给的增量值由【×1】、【×10】、【×100】、【×1000】四个增量倍率选择键控制。增量倍率选择键与增量值的对应关系见表0-8。

表 0-8 增量倍率选择键与增量值的对应关系

增量倍率选择键	×1	×10	×100	×1000
增量值/mm	0.001	0.01	0.1	1

3. 手摇进给

现以 X 轴为例说明手摇进给操作方法。将坐标轴选择开关置于【X】档，顺时针或逆时针旋转手摇脉冲发生器一格，可控制 X 轴向正向或负向移动一个增量值。连续发出脉冲，则可连续移动车床坐标轴。

手摇进给的增量值由【×1】、【×10】、【×100】三个增量倍率选择键控制。增量倍率选择键与增量值的对应关系见表0-9。

表 0-9 手摇进给中增量倍率选择键与增量值的对应关系

增量倍率选择键	×1	×10	×100
增量值/mm	0.001	0.01	0.1

三、程序的输入

程序输入有手动输入和自动输入两种方式。由于数控车床加工的零件比较简单，因此主要以手动输入为主。

1. 手动输入

1）按下控制面板上的【EDIT】键，系统进入程序编辑状态。

2）按下【PROG】键，进入程序页面。

3）键入地址 O 及要存储的程序号。要注意的是，输入的程序名不可以与已有的程序名重复。

4）按【EOB】→【INSERT】键，开始程序输入。

5）按【EOB】→【INSERT】键，换行后再继续输入。

2. 自动输入

自动输入程序也是在【EDIT】状态下，通过 RS-232 数据接口传输或者通过 CF 卡通道进行传输的。

四、程序的校验

在每次加工前，都要进行程序的校验。原因在于手动输入程序容易出错，而自动输入的程序一般会用专门的程序校验软件进行校验。程序校验步骤如下：

1）按【EDIT】键，系统进入编辑状态，输入需要校验的程序名，按光标键【↓】。

2）复位程序。按【RESERT】键，使程序复位到程序的开头。

3）按自动运行键【AUTO】，同时按车床锁住键和空运行键。

4）按【CUSTM/GRAPH】键，打开图形显示画面，按下【图形】软键。

5）按【循环启动】键，程序开始进行校验，观察图形画面的刀具路径。

五、对刀操作

对刀的含义就是在车床上设置刀具偏移或设定工件坐标系的过程。

1. 设置主轴旋转

1）按下机床操作面板上的【MDI】键。

2）按【PROG】键，进入【MDI】输入窗口。

3）先按【EOB】键，再按【INSERT】键。

4）在数据输入行输入"M03 S600"后按【EOB】键，再按【INSERT】键。

5）按【循环启动】键，主轴正转。

2. 对刀步骤

假设工件原点在工件右端面的中心，采用试刀法对刀。

1）将主轴调整到合适转速。

2）先用外圆车刀试切一外圆，测量外圆直径后，按【OFFSET】→〖 补正 〗→〖 形状 〗，输入"外圆直径值"，按〖 测量 〗键，完成刀具 X 轴的对刀。

3）再用外圆车刀试切外圆端面，按【OFFSET】→〖 补正 〗→〖 形状 〗，输入"Z 0"，按〖 测量 〗键，完成刀具 Z 轴的对刀。

六、自动加工

零件加工有首件试切加工和批量加工两种。首件试切加工的程序还不完善，各切削用量参数还是理论值，程序刀路不确定；而批量加工的程序已经成熟。

1. 首件试切加工的步骤

1）调出加工程序。

2）复位程序。

3）把进给倍率调整到 50%，快速倍率调整到 25%。

4）按【AUTO】键和【单步运行】键。

5）按【循环启动】键。

6）将进给倍率和主轴倍率调整到最佳状态。

7）取消单步运行，采用自动循环加工。

2. 批量加工的步骤

1）调出加工程序。

2）复位程序。

3）把进给倍率调整到 100%，主轴倍率调整到 100%，快速倍率调整到 100%。

4）按【AUTO】键。

5）按【循环启动】键。

思考与练习

1. 简述数控车床如何进行基本操作。
2. 数控车床有哪些功能键？各有什么作用？
3. 简述数控车床的对刀过程。

第三章　数控系统编程

第一节　数控系统编程概述

一、数控车床坐标系统

数控车床坐标系统分为机床坐标系和工件坐标系。根据标准 GB/T 19660—2005，无论使用哪种坐标系，都规定车床主轴轴线的方向为坐标系的 Z 轴，从卡盘至尾座的方向为 Z 轴的正方向；规定在水平面内与车床主轴轴线垂直的方向为 X 轴，刀具远离主轴旋转中心的方向为 X 轴的正方向。

1. 机床原点和机床坐标系

机床原点是机床上的一个固定点。对于数控车床，机床原点位于主轴断面与主轴轴线相交的点。以机床原点为坐标系原点建立的直角坐标系为机床坐标系。

机床坐标系是机床故有的坐标系，在机床出厂前已经调整好，不允许用户随意变动。

2. 工件原点和工件坐标系

工件坐标系是由编程人员根据零件图样及加工工艺，以零件上某一固定点为原点建立的坐标系，又称为编程坐标系或工作坐标系。工件原点的位置是根据工件的特点人为设定的，所以也称为编程原点。

二、数控编程的步骤

数控编程的步骤如图 0-5 所示。

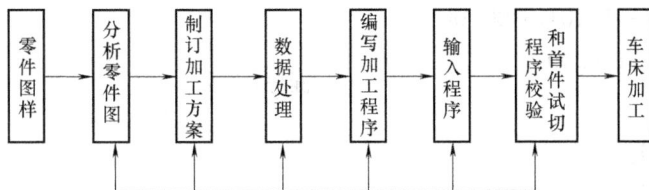

图 0-5　数控编程的步骤

1. 分析零件图，制订加工方案

根据零件图样，编程人员对工件的形状、尺寸、技术要求进行分析，然后选择加工方案、确定加工顺序、加工路线、装夹方式、刀具类型及切削参数。

2. 数据处理

确定工艺方案后，根据零件图的几何尺寸、确定的工艺路线及设定的坐标系，计算零件粗、精加工的各运动轨迹，得到刀位数据。

3. 编写加工程序

根据制订的加工工艺路线、切削用量、刀具补偿量、辅助动作及刀具运动轨迹等条件，按照车床数控系统规定的功能指令代码及程序格式，逐段编写加工程序。

4. 输入程序

通过手动数据输入或通过计算机将程序传送至车床数控系统。

5. 程序校验和首件试切

通过数控车床的图形模拟功能，可以对零件加工程序进行刀具运动轨迹的仿真模拟，检查运动轨迹是否正确。但由于这样只能大致检查出刀具的运行轨迹是否正确，不能检查出被加工零件的加工精度。因此，有必要进行零件的首件试切。当发现有加工误差时，应分析误差产生的原因，找出问题所在，并加以修正。

三、数控编程的方法

1. 手工编程

加工形状简单的零件时，手工编程比较简单，程序不复杂，而且经济、及时。因此，在点定位加工及由直线与圆弧组成的轮廓加工中，手工编程仍广泛应用。

2. 自动编程

自动编程是用计算机及相应 CAD/CAM 软件编制数控加工程序的过程。常见的软件有 MasterCAM、UG、Pro/E、CAXA 制造工程师等。

四、数控编程的格式

每种数控系统，根据其本身的特点及编程的需要，都有一定的程序格式。对于不同的车床，其程序的格式也不同。因此，编程人员必须严格按照车床说明书的规定格式进行编程。

1. 程序的结构

一个完整的程序由程序号、程序内容和程序结束三部分组成。

例如：

O0001	程序号
N01　G92 X40 Y30；	
N02　G90 G00 X28 T01 S800 M03；	
N03　G01 X-8 Y8 F200；	程序内容
N04　X0 Y0；	
N05　X28 Y30；	
N06　G00 X40；	
N07　M02；	程序结束

（1）程序号　程序号即程序的开始部分，为了区别存储器中的各程序，每个程序都要有程序编号，编号前是程序编号的地址码。例如，在 FANUC 系统中，一般采用英文字母 O 作为程序编号地址。

（2）程序内容　程序内容部分是整个程序的核心，它由许多程序段组成，每个程序段由一个或多个指令构成。程序内容表示数控车床要完成的全部动作。

（3）程序结束　程序结束以程序结束指令 M02 或 M30 为整个程序结束的符号。

2. 程序段格式

零件的加工程序是由程序段组成的，每个程序段由若干个数据字组成，而数据字由表示地址的英语字母、特殊文字和数字集合而成。

程序段格式由语句号字、数据字和程序段结束符组成。各字前有地址，各字的排列顺序要求不严格，数据的位数可多可少，不需要的字以及与上一程序段相同的续效字可以不写。

例如：N20 G01 X25 Y-36 F100 S300 T02 M03；

其中　N ___为语句号字；

　　　　G ___为准备功能字；

　　　　X_Y_为尺寸字；

　　　　F_为进给功能字；

　　　　S_为主轴转速功能字；

　　　　T_为刀具功能字；

　　　　M_为辅助功能字；

　　　　;为程序段结束符。

在程序段中，除程序段号与程序段结束符外，其余各字的顺序并不严格，可先可后，但为了便于编写，习惯上可按 N、G、X、Z、…、F、S、T、M 的顺序编程。

第二节　数控车床常用编程指令

一、G00 与 G01 指令

1. 指令格式及功能

G00 指令格式：G00 X(U)_ Z(W)_ ；

快速定位，刀具快速移动并定位在指令的目标点。该指令主要用于刀具的快进、快退及刀具的空行程运动。G00 指令为模态代码。

G01 指令格式：G01 X(U)_ Z(W)_ F_ ；

直线插补，刀具按程序给定的进给速度 F 作直线运动到指令目标点。该指令主要用于刀具的切削运动。G01 指令为模态代码。

2. 说明

1）X、Z 表示目标点绝对坐标。

2）U、W 表示目标点相对刀具当前点的相对坐标位移。

3）X（U）坐标按直径输入。

例 0-1　加工如图 0-6 所示的零件。已知材料为 45 钢，毛坯为 $\phi 50mm \times 100mm$，编写零件的加工程序。

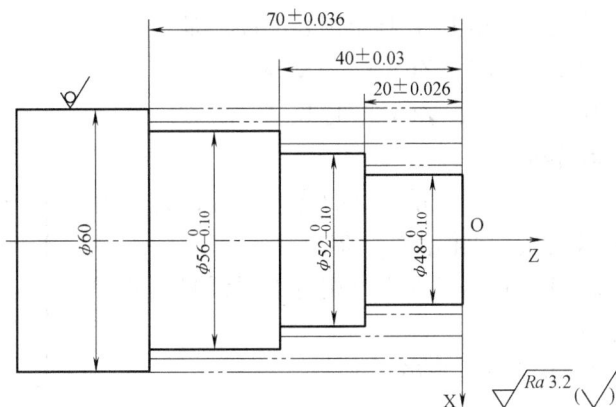

图 0-6　G00、G01 指令应用实例

3. 零件加工参考程序（表 0-10）

表 0-10　参考程序

程序内容	简要说明
O0002	
N010 M03 S600 T0101；	主轴正转，转速为 600 r/min，换 1 号刀
N020 M08；	打开切削液
N030 G00 X57.0 Z2.0；	快速进刀，准备粗车 56mm 外圆
N040 G01 Z-70.0 F0.3；	粗车 ϕ56mm 外圆，进给量为 0.3mm/r
N050 G00 X58.0 Z2.0；	快速退刀
N060 X53.0；	快速进刀，准备粗车 52mm 外圆
N070 G01 Z-40.0；	粗车 ϕ52mm 外圆
N080 G00 X55.0 Z2.0；	快速退刀
N090 X49.0；	快速进刀，准备粗车 ϕ48mm 外圆
N100 G01 Z-20.0；	粗车 ϕ48mm 外圆
N110 G00 X50.0 Z2.0；	快速退刀
N120 S800；	设定主轴转速为 800r/min
N130 X47.95；	快速进刀，准备精车 ϕ48mm 外圆
N140 G01 Z-20.0 F0.1；	精车 ϕ48mm 外圆至要求尺寸，进给量为 0.1mm/r
N150 X51.95；	精车 ϕ52mm 端面至要求尺寸
N160 Z-40.0；	精车 ϕ52mm 外圆至要求尺寸
N170 X55.95；	精车 ϕ56mm 端面至要求尺寸
N180 Z-70.0；	精车 ϕ56mm 外圆至要求尺寸
N190 X62.0；	精车 ϕ60mm 端面至要求尺寸
N200 G00 X200.0 Z100.0 M05；	快速退刀，回换刀点
N210 M30；	程序结束

二、G02 与 G03 指令

1. 指令格式及功能

G02 为顺时针方向圆弧插补，G03 为逆时针方向圆弧插补。

格式一：用圆弧半径 R 指定圆心位置，即

G02　X(U)＿ Z(W)＿ R＿F＿；

G03　X(U)＿ Z(W)＿ R＿F＿；

格式二：用 I、K 指定圆心位置，即

G02　X(U)＿ Z(W)＿I＿K＿F＿；

G03　X(U)＿ Z(W)＿I＿K＿F＿；

2. 说明

1）X、Z 为圆弧终点的绝对坐标，直径编程时 X 为实际坐标值的 2 倍。

2）U、W 为圆弧终点相对于圆弧起点的增量坐标。

3）R 为圆弧半径。

4）I、K 为圆心相对于圆弧起点的增量值，直径编程时 I 值为圆心相对于圆弧起点增量值的

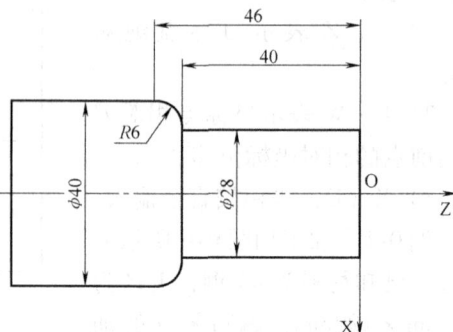

图 0-7　G02、G03 指令应用实例

2 倍。当 I、K 与坐标轴方向相反时，I、K 为负值。圆心坐标在圆弧插补中不能省略。

5）F 为进给量。

例 0-2　加工如图 0-7 所示的零件。已知材料为 45 钢，毛坯直径为 $\phi45mm$。

3. 零件加工参考程序

1）用 I、K 指定圆心的位置，进行绝对编程，程序如下：

......

N060　G00　X28.0　Z2.0;

N070　G01　Z-40.0　F0.3;

N080　G03　Z40.0　Z-46.0　I0　K-6.0　F0.15;

......

2）用圆弧半径 R 指定圆心的位置，进行绝对编程，程序如下：

......

N060　G00　X28.0　Z2.0;

N070　G01　Z-40.0　F0.3;

N080　G03　Z40.0　Z-46.0　R6.0　F0.15;

......

三、单一形状固定循环指令 G90、G94

在某些切削余量大，相同走刀轨迹次数多的情况中，可利用固定循环功能。一般用一个固定循环程序段即可指定多个单个程序段的加工轨迹，单一固定循环对简化程序非常有效。

1. 外（内）圆切削固定循环指令 G90

（1）指令格式　G90 X（U）_ Z（W）_ R_ F_ ;

（2）说明

1）X、Z 为切削终点的绝对坐标值。

2）U、W 为切削终点相对循环起点的增量值。

3）R 为车削圆锥时切削起点与终点的半径差值。R 值有正负号：若起点半径值小于终点半径值，则 R 取负值；反之，R 取正值。

4）F 为切削进给量，单位为 mm/r。

例 0-3　加工如图 0-8 所示的零件。已知毛坯为 $\phi40mm \times 70mm$ 的棒料，材料为 45 钢，若要求加工 $\phi25mm$ 外圆至要求尺寸，试用外圆切削固定循环指令 G90 编写加工程序。

（3）零件加工参考程序（表 0-11）

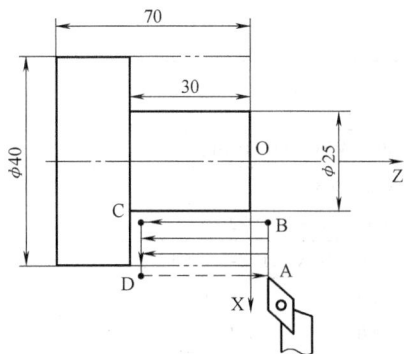

图 0-8　G90 指令应用实例

表 0-11　零件加工参考程序

程序内容	简要说明
O0003 N010 M03 T0101 S600; N020 M08; N030 G00 X42.0 Z2.0;	主轴正转，转速为 600 r/min，换 1 号刀 打开切削液 快速进刀至循环始点 A

（续）

程序内容	简要说明
N040 G90 X35.0 Z-29.5 F0.2;	外圆切削循环第一次，进给量为 0.2mm/r
N050 X30.0;	外圆切削循环第二次
N060 X25.5;	外圆切削循环第三次
N070 G00 X25.0 Z2.0 S800;	快速进刀，准备精车，主轴转速为 800r/min
N080 G01 Z-30.0 F0.1;	精车 φ25mm 外圆至要求尺寸，进给量为 0.1mm/r
N090 X40.0;	精车 φ40mm 右端面
N100 G00 X41.0;	
N110 G00 X200.0 Z100.0 M05;	快速退刀，回换刀点
N120 M30;	程序结束

2. 端面切削固定循环指令 G94

（1）指令格式　G94 X(U)_ Z(W)_ K(或 R)
F_；

（2）说明

1）X、Z 为端平面切削终点坐标值。

2）U、W 为端面切削终点相对于循环起点的增量值。

3）R 为端面切削始点至终点的位移在 Z 轴方向的坐标增量。

例 0-4　加工如图 0-9 所示的零件。已知毛坯为 φ75mm × 50mm 的棒料，材料为 45 钢，若加工 φ30mm 外圆至要求尺寸，试用端车削固定循环指令 G94 编写加工程序。

（3）零件加工参考程序（表 0-12）

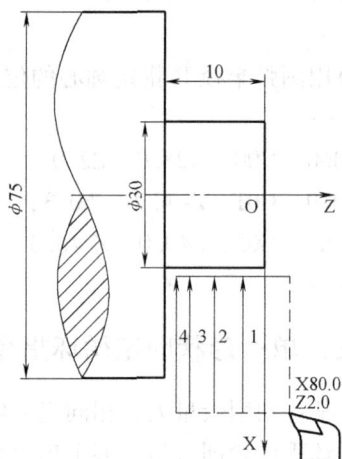

图 0-9　G94 指令应用实例

表 0-12　零件加工参考程序

程序内容	简要说明
O0004	
N010 M03 S600 T0101;	主轴正转，转速为 600r/min，换 1 号刀
N020 M08;	打开切削液
N030 G00 X80.0 Z2.0;	快速进刀至循环起始点
N040 G94 X30.0 Z-3.0 F0.2;	端面切削循环第一次，进给量为 0.2mm/r
N050 　　　　　Z-6.0;	端面切削循环第二次
N060 　　　　　Z-9.5;	端面切削循环第三次
N070 M03 S800;	主轴转速为 800 r/min，准备精车
N080 G94 X30.0 Z-10.0 F0.1;	精车端面至尺寸要求，进给量为 0.1mm/r
N090 G00 X200.0 Z100.0 M05;	快速退刀，回换刀点
N100 M30;	程序结束

四、复合形状固定循环指令 G71、G72、G73、G70

虽然使用单一形状固定循环指令能简化编程，但当被加工零件形状复杂、余量较大、需要较多次的重复切削时，就需要采用复合形状固定循环指令，使程序进一步简化。

1. 外径粗车固定循环指令 G71

（1）指令格式　G71 U（Δd）　R（e）；

G71 P（n_s）　Q（n_f）　U（Δu）　W（Δw）　F（f）　S（s）　T（t）；

（2）说明

Δd：粗加工时的每次车削深度（半径量）；

e：粗加工时每次车削循环的 X 向退刀量；

n_s：精加工轮廓程序段中第一个程序段的顺序号；

n_f：精加工轮廓程序段中最后一个程序段的顺序号；

Δu：X 向的精加工余量（直径量）；

Δw：Z 向的精加工余量；

f、s、t：分别为粗加工循环中的进给速度、主轴转速与刀具功能。

2. 端面粗车固定循环指令 G72

（1）指令格式　G72 W（Δd）　R（e）；

G72 P（n_s）　Q（n_f）　U（Δu）　W（Δw）　F（f）　S（s）　T（t）；

（2）说明　式中参数的含义与 G71 相同。

3. 仿形固定循环指令 G73

（1）指令格式　G73 U（Δi）　W（Δk）　R（d）；

G73 P（n_s）　Q（n_f）　U（Δu）　W（Δw）　F（f）　S（s）　T（t）；

（2）说明

Δi：粗切时径向切除的总余量（半径值）；

Δk：粗切时轴向切除的总余量；

Δd：循环次数；

其他参数的含义与 G71 相同。

4. 精加工固定循环指令 G70

采用 G71、G72、G73 指令完成粗加工循环后，用 G70 指令可实现精加工。

（1）指令格式　G70 P（n_s）　Q（n_f）；

（2）说明

n_s：精加工轮廓程序段中第一个程序段的顺序号；

n_f：精加工轮廓程序段中最后一个程序段的顺序号；

例 0-5　已知零件毛坯的尺寸为 ϕ120mm × 180mm，材料为 45 钢。采用 G71、G70 指令，编制如图 0-10 所示零件的粗、精加工程序。

（3）零件加工参考程序（表 0-13）

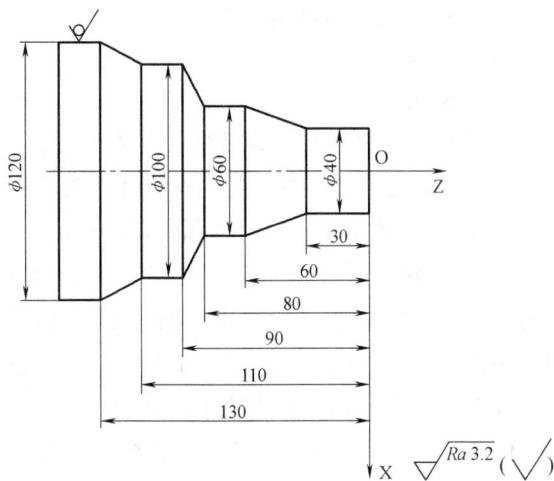

图 0-10　G71、G70 指令应用实例

表 0-13　零件加工参考程序

程 序 内 容	简 要 说 明
O0005	
N010 M03 S300 T0101；	主轴正转,转速为 300 r/min,换 1 号刀
N020 M08；	打开切削液
N030 G00 X120.0 Z2.0；	快速进刀至循环起始点
N040 G71 U2.5 R0.5；	定义外圆粗车循环,设背吃刀量为 2.5mm,退刀量为 0.5mm
N050 G71 P060 Q150 U0.5 W0.2 F0.2；	精车路线由 N060~N150 指定
N060 G00 X-1.0 S500；	快速进刀,精车循环时主轴转速为 500 r/min
N070 G01 Z0.0 F0.1；	慢速进刀,精车循环的进给量为 0.1mm/r
N080 X40.0；	车削右端面
N090 Z-30.0；	车削 ϕ40mm 外圆
N100 X60.0 Z-60.0；	车削圆锥
N110 Z-80.0；	车削 ϕ60mm 外圆
N120 X100.0 Z-90.0；	车削圆锥
N130 Z-110.0；	车削 ϕ100mm 外圆
N140 X120.0 Z-130.0；	车削圆锥
N150 G01 X122.0；	退刀
N160 G70 P060 Q150；	定义精车循环,精车各外圆表面
N170 G00 X200.0 Z100.0 M05；	快速退刀,回换刀点
N180 M30；	程序结束

五、螺纹切削指令 G32、G92、G76

螺纹加工是数控车床加工的一个重要内容。加工时，螺纹车刀的进给运动是严格根据输入的螺纹导程进行的。螺纹加工的类型分为内、外圆柱螺纹和圆锥螺纹，单线螺纹和多线螺纹，恒螺距螺纹和变螺距螺纹；而螺纹切削分为单行程螺纹切削、单一螺纹切削和复合螺纹切削。

1. 单行程螺纹切削指令 G32

（1）指令格式　G32 X(U)_ Z(W)_ F_ ；

（2）说明

1）X(U)、Z(W) 是螺纹底径终点坐标，其中 X、Z 是绝对值编程，U、W 是增量值编程；X 省略时为圆柱螺纹切削，Z 省略时为端面螺纹切削；X、Z 均不省略时为圆锥螺纹切削。

2）F 是螺纹导程。圆锥螺纹在 X 方向或 Z 方向各有不同的导程，程序中导程 F 的取值以两者中较大的值为准。加工端面螺纹时，其进给速度 F 的单位采用旋转进给率，即 mm/r。

例 0-6　试编写如图 0-11 所示螺纹的加工程序。已知螺纹切削参数为：螺纹导程 $Ph = 4mm$，切入量 $\delta_1 = 3mm$，切出量 $\delta_2 = 1.5\ mm$，分两次切削，背吃刀量为 1mm。

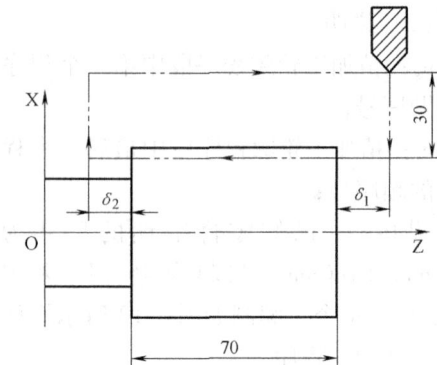

图 0-11　G32 指令应用实例

（3）零件加工参考程序（表0-14）

表0-14　零件加工参考程序

程　序　内　容	简　要　说　明
O0006 …… N100 G00 U-62； N110 G32 W-74.5 F4.0 N120 G00 U62； N130 W74.5； N140 U-64； N150 G32 W-74.5 N160 G00 U64； N170 W74.5； …	 螺纹车刀快速运动到螺纹循环车削起始点 第一次螺纹车削 沿 X 向退刀 沿 Z 向退刀 沿 X 向运动到第二次螺纹车削起点 第二次螺纹车削 沿 X 向退刀 沿 Z 向退刀

2. 单一循环螺纹切削指令 G92

（1）指令格式　G92 X(U)＿ Z(W)＿ R＿ F＿ ；

（2）说明

1）X、Z 为螺纹终点坐标值。

2）U、W 为螺纹终点相对循环起始点的增量值。

3）F 为螺纹导程，如果是单线螺纹，则 F 为螺距的大小。

4）R 为圆锥螺纹起点与终点的半径差（单位为 mm）。当 X 向切削起点坐标小于切削终点坐标时，R 为负；反之为正。加工圆柱螺纹时，R =0。

例0-7　试用 G92 指令编写如图0-12所示 M24×1.5 螺纹的加工程序。

（3）零件加工参考程序（表0-15）

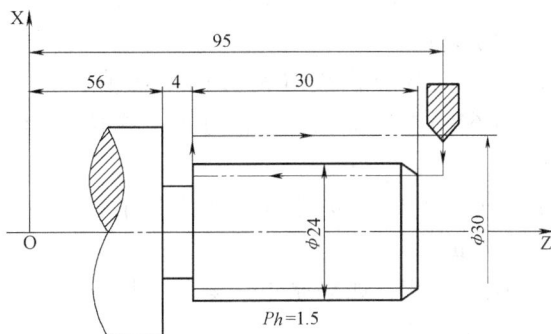

图0-12　G92 指令应用实例

表0-15　参考程序

程　序　内　容	简　要　说　明
O0007 …… G00 X30 Z95； G92 X23.2 Z58 F1.5； X22.6； X22.2； X22.04； G00 X100 Z100； ……	 螺纹车刀快速运动到螺纹循环车削起始点 第一次螺纹车削循环 第二次螺纹车削循环 第三次螺纹车削循环 第四次螺纹车削循环 退刀

3. 复合循环螺纹切削指令 G76

（1）指令格式　G76 P(m) (r) (α)　　Q(Δd$_{min}$) R(d)；

G76 X(U)_ Z(W) _ R(i) P(k) Q(Δd) F_ ;

（2）说明

m：精加工重复次数，从 01 ~ 99。该参数为模态量，一旦指定，直到指定另一个值之前都不变；

r：螺纹尾端退刀长度，当导程（螺距）由 Ph 表示时，可以设定为 $0.1Ph ~ 9.9Ph$，系数为0.1的整数倍，用 00 ~ 99 的两位整数来表示，该参数为模态量。例如，若取系数为1.1，则 $r = 1.1Ph$，但程序中写为 11；

α：刀尖角度（螺纹牙型角）。可以选择80°、60°、55°、30°、29°和0°中的任意一种。该值由两位数规定，该参数为模态量；

m、r 和 α 用地址 P 同时指定，例如：$m = 2$，$r = 1.2Ph$，$α = 60°$，可表示为 P021260；

$Δd_{min}$：最小背吃刀量，该值用不带小数点的半径量表示，单位为 μm，当车削过程中由程序计算的背吃刀量数值小于 $Δd_{min}$ 时，则背吃刀量锁定为 $Δd_{min}$ 值，该参数为模态量；

d：精加工余量，该值用带小数点的半径量表示，单位为 μm，该参数为模态量；

X（U） Z（W）：螺纹切削终点处的坐标。

i：螺纹大小端的半径差，$i = 0$ 为圆柱螺纹，单位为 mm；

k：螺纹的牙型高度（X 方向半径值，按 $h_b = 0.6495P$ 计算），通常为正，单位为 μm；

Δd：第一刀的背吃刀量。该值为半径值，单位为 μm；

F：螺纹导程。如果是单线螺纹，则该值为螺距，单位为 mm。

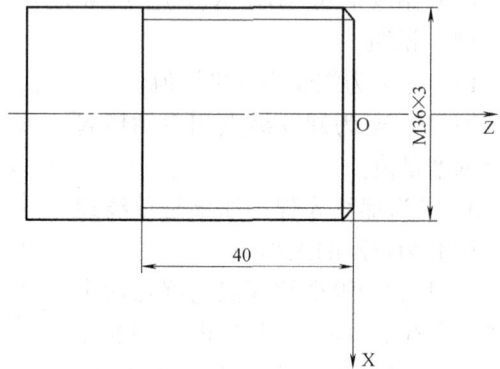

图 0-13 G76 指令应用实例

例0-8 试用 G76 指令编写如图 0-13 所示外螺纹的加工程序（未考虑各直径的尺寸公差）。

（3）零件加工参考程序（表 0-16）

表 0-16 参考程序

程 序 内 容	简 要 说 明
O0008	
……	
T0202；	调用2号螺纹车刀
M03 S300；	主轴正转，转速为300r/min
G00 X38.0 Z6.0；	设定螺纹切削循环起始点
G76 P021060 Q50 R100；	精加工两次，精加工余量为0.1mm，倒角量等于螺距 P，牙型角为60°，最小背吃刀量为0.05mm
G76 X32.1 Z-40.0 P1949 Q500 F3.0；	设定牙型高度为1.3mm，第一刀背吃刀量为0.5mm
G00 X100.0 Z100.0；	退刀
……	

应用 G92、G76 等螺纹切削指令编制外螺纹的加工程序时，应注意循环起点的直径应比外螺纹的大径略大一些；相反地，在加工内螺纹时，循环起点的直径应比内螺纹的小径略小一些。

思考与练习

1. 数控编程包括哪些主要内容？
2. 简述 G70、G71、G72、G73 指令的区别。
3. 简述 G32、G92、G76 指令的区别。
4. 用 G76 指令写出车削螺纹 M28×2 的切削循环指令。

第四章　数控加工仿真

数控加工仿真软件是一个将虚拟现实技术应用于数控加工操作技能培训的仿真软件。此类软件具备对车床操作全过程和加工运行全环境进行仿真的功能，还具备适用于数控加工这类强调操作过程的考试功能，使原来只有在数控设备上才能完成的教育功能在这个虚拟制造环境中就能实现。该仿真系统不仅可以进行数控编程的教学，还可以对数控车床、数控铣床和加工中心加工零件的全过程进行仿真。其中包括毛坯的定义，夹具、刀具的定义与选用，零件基准的测量和设置，数控程序的输入、编辑和调试。此类仿真软件拥有 FANUC 数控系统、SIEMENS 数控系统、华中数控系统、广州数控系统等多种数控系统，具有多系统、多机床、多零件的加工仿真模拟功能。

第一节　数控仿真软件的操作

一、软件启动

单机版启动界面如图 0-14 所示，具体操作步骤如下。

图 0-14　启动界面

1）在左边文件框内选择单机版。
2）在右边的条框内选择要使用的系统名称。
3）在 PC Encryption（机器码加密）和 Softdog Encryption（软件狗加密）中选择一个。
4）单击 Run 进入系统，如图 0-15 所示。

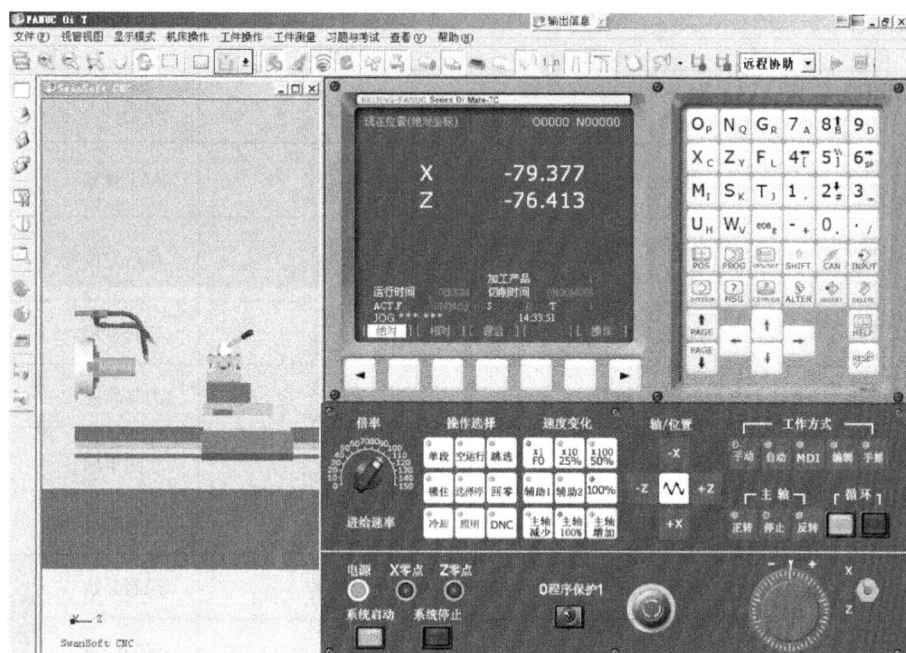

图 0-15 FANUC 0i 系统界面

二、工具条及菜单

全部命令可以通过屏幕左侧工具条上的功能键执行。当光标指向各功能键时，系统会立即提示其功能名称，同时会在屏幕底部的状态栏里显示该功能的详细说明。FANUC 0i 系统数控车床功能键图标及其功能见表 0-17。

表 0-17 FANUC 0i 系统数控车床功能键图标及其功能

图标	功能	图标	功能
	建立新的 NC 文件		Y-X 平面选择
	打开保存的文件		车床罩壳切换
	保存文件		工件测量
	另存文件		声控
	车床参数		坐标显示
	刀具库管理		冷却水显示
	工件显示模式		毛坯显示
	选择毛坯大小、工件坐标等参数		零件显示

（续）

图标	功能	图标	功能
	开关车床门		透明显示
	切屑显示		ACT 显示
	屏幕安排:以固定的顺序改变屏幕的布置		显示刀位号
	屏幕整体放大		刀具显示
	屏幕整体缩小		刀具轨迹
	屏幕放大、缩小		在线帮助
	屏幕平移		录制参数设置
	屏幕旋转		录制开始
	X-Z 平面选择		录制结束
	Y-Z 平面选择		示教功能开始和停止

第二节　FANUC 0i 数控车床仿真操作

一、FANUC 0i 数控车床的操作面板

机床操作面板位于窗口的右下侧，如图 0-16 所示。它主要用于控制车床的运行状态，由模式选择键、运行控制开关等多个部分组成。

数控系统操作面板如图 0-17 所示（FANUC 0i Mate-TC），它是由显示屏和 MDI 键盘两

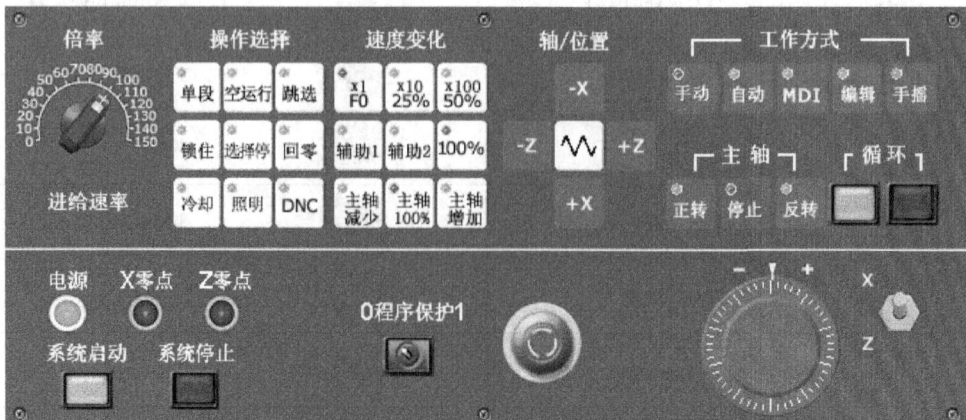

图 0-16　机床操作面板

部分组成。其中显示屏主要用来显示相关坐标位置、程序、图形、参数、诊断、报警等信息；而 MDI 键盘包括字母键、数值键以及功能按键等，可以进行程序、参数、车床指令的输入及系统功能的选择。

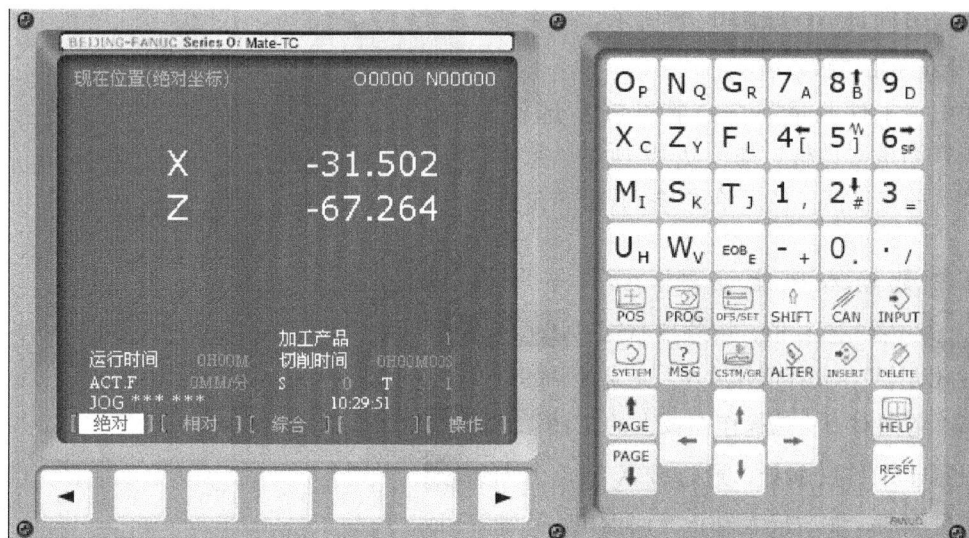

图 0-17　数控系统操作面板

二、数控车床仿真操作

1. 激活车床

按下启动按钮，此时车床电源指示灯变亮。

2. 回零

按和键进入回零模式。在回零模式下，按操作面板上的键，先使 X 轴方向回零；再按 Z 轴方向移动键，使 Z 轴方向回零。此时回零指示灯亮。

3. 手动/连续方式

按键，车床进入手动模式。分别按   键，控制 X 轴、Z 轴方向的移动，同时配合键进行快速移动。

4. 手动脉冲方式

这种方式用于微量调整。在实际生产中，使用手动脉冲方式可以让操作者容易观察和控制车床的移动。

按键，选择运动轴，将鼠标对准手轮顺时针或逆时针旋转，控制 X 轴、Z 轴的运动。

5. 对刀

数控程序一般按工件坐标系编程，对刀的过程就是建立工件坐标系与机床坐标系之间关系的过程。

（1）X 向对刀：选择"手动"工作模式，启动主轴正转，按控制面板上的 键

和 -Z 键，使车床刀架在 X 轴负方向移动，同样使刀架在 Z 轴负方向移动。用所选外圆车刀试切工件外圆，切完后保持 X 轴坐标不变，沿 Z 轴正方向退刀，如图 0-18 所示。按主轴停止键 停止 停止主轴转动。

单击"工件测量"——"特征线"选项，弹出工件测量对话框，如图 0-19 所示。记下试切外圆的直径值，然后单击 退出"工件测量"。

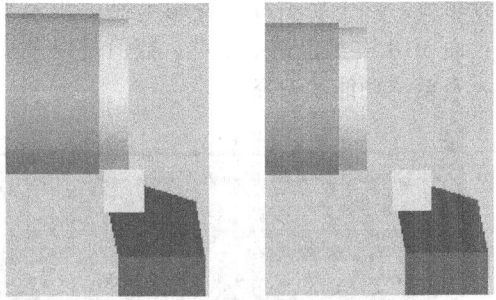

图 0-18　外圆试切

按参数输入功能键 OFS/SET，选择"形状"栏 形状。输入直径值，按菜单软键" 测量 "，系统将自动计算出坐标值并填入，完成 X 轴的对刀。

（2）Z 向对刀：按操作面板上的主轴正转键 正转，将刀具移至工件端面处，通过按 X 轴负方向键 -X，切削工件端面，然后按 X 轴正方向退出，Z 轴方向保持不变，如图 0-20 所示。按主轴停止键 停止，停止主轴转动。

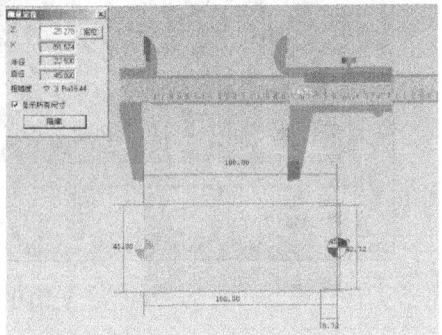

图 0-19　工件测量

按参数输入功能键，选择"形状"栏 形状。输入直径值"Z0"，按菜单软键" 测量 "，系统将自动计算出坐标值并填入，完成 Z 轴的对刀。

6. 数控程序处理

（1）选择程序　按 编辑 键，按 PROG 键，输入字母"O"。按 7A 键，输入数字"7"，即输入搜索的号码"O7"，

图 0-20　切削端面

按 键开始搜索程序。找到后，"O7"会显示在屏幕右上角的程序号位置，"O7"NC 程序将显示在屏幕上。

（2）删除程序　按 编辑 键，按 PROG 键，输入字母"O"。按 7A 键，输入数字"7"，即输入要删除的程序为"O7"，按 DELETE 键，则"O7"程序被删除。

（3）编辑程序　按 编辑 键，按 PROG 键，输入字母"O"，按 7A 键，输入数字"7"，按 INSERT 键即可编辑。

在编辑过程中，通过"上下左右"按键来移动光标；用鼠标单击数字/字母键，将数据输入到输入区域；按 EOB 和 INSERT 键换行；按 CAN 键，可以删除输入区域内的数据；按 ALTER 键，可以把输入区域的内容替换成光标所在的代码；按 INSERT 键，可以把输入区域的内容插到光标所

在代码的后面；按 [图] 键，可以删除光标所在的代码。

7. MDI 模式

按 [图] 键，进入 MDI 模式，再按 [图] 和 [　MDI　] 键，进入编辑页面。

通过数字/字母键输入相应的程序指令，用回车换行键 [图] 结束一行后换行；按 [图] 键，输入所编写的数据指令；输入完整数据指令后，按循环启动键 [图] 运行程序；用 [图] 键清除输入的数据。

8. 自动加工方式

在自动运行前，应先检查车床是否回零。若未回零，应先将车床回零，然后关上车床门。

按 [图] 键，进入自动加工模式。再按 [图] 和 [　程序　] 键，输入要加工的程序名如"O7"，按 [图] 键调出程序，按循环启动键 [图] 运行程序。按循环停止键 [图]，程序停止执行，再按循环启动键 [图]，程序将继续从暂停位置开始执行；按 [图] 键，程序停止执行，并且重新回到开头。

思考与练习

1. 简述数控仿真软件建立程序的方法。
2. 简述数控仿真软件对刀的步骤。
3. 简述数控仿真软件的操作步骤。

第二篇

技能篇

项目一 台阶轴零件的加工

一、项目描述

本项目的待加工零件为台阶轴，如图 1-1 所示。已知毛坯为 $\phi45mm \times 100mm$ 的棒料，材料为 45 钢。要求制订零件的加工工艺；编写数控加工程序；通过数控仿真加工调试，优化程序；最后进行零件的加工检测。

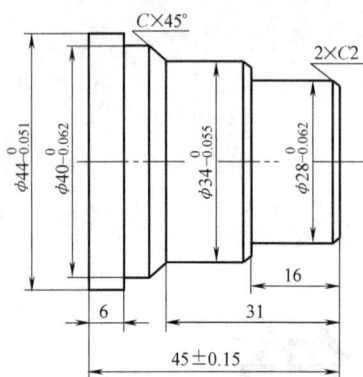
a)

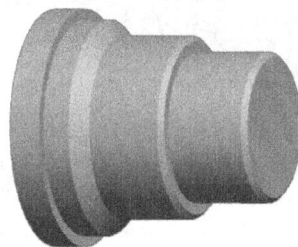
b)

技术要求
1.不允许使用砂布或锉刀修整表面。
2.未注倒角C0.5。

图 1-1 台阶轴
a) 零件图 b) 实体图

二、项目教学目标

1. 掌握台阶轴零件加工工艺的制订方法。
2. 掌握 G70、G71 指令，会编写简单的数控加工程序。
3. 熟悉相关的工具、量具、夹具，并能熟练操作车床。

三、项目实施

任务一 制订零件的加工工艺

1. 分析零件图

（1）分析尺寸 如图 1-1 所示的台阶轴零件，形状简单，结构尺寸变化不大。该零件有四个台阶面，其径向尺寸 $\phi28mm$、$\phi34mm$、$\phi40mm$、$\phi44mm$ 的精度较高，表面粗糙度值不大于 $Ra3.2\mu m$，零件总长有公差要求。

（2）确定加工基准 因为轴向尺寸采取分散标注，所以加工基准选毛坯的左、右端面均可。但该零件右端的轴向尺寸 16mm、31mm 和总长 45mm 都以右端面为基准进行标注，所以从基准统一的原则出发，确定零件的右端面为加工基准。

2. 确定装夹方案

零件的毛坯左端为 $\phi45mm$ 的棒料，采用三爪自定心卡盘进行装夹。毛坯的长度远远大于零件的长度，为了便于装夹找正，毛坯的夹持部分可以适当加大，此处确定为 45mm。同时留出 5mm 作为加工完成后的切断宽度、5mm 作为安全距离，装夹长度如图 1-2 所示。

3. 选择刀具及切削用量

因为此类零件的各外径均要求加工，并且加工完成后需要切断，所以需要准备 2 把外圆车刀，分别置于T01、T02 号刀位；1 把切断刀置于T03 号刀位。

刀具及切削参数见表 1-1。

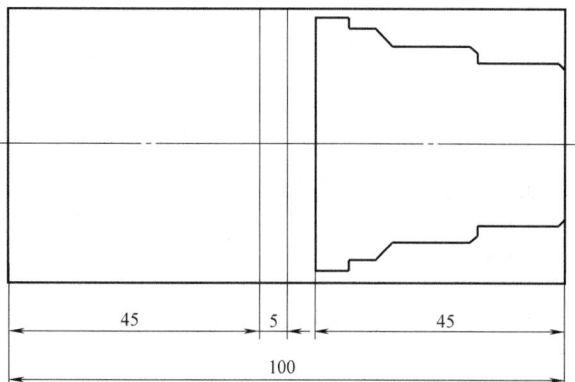

图 1-2　装夹长度

表 1-1　刀具及切削参数

序号	刀具号	刀具类型	加工表面	切削用量	
				主轴转速 $n/(r/mm)$	进给速度 $F/(mm/r)$
1	T0101	93°菱形外圆车刀	粗车外轮廓	600	0.25
2	T0202	93°菱形外圆车刀	精车外轮廓	1000	0.1
3	T0303	3mm 切断刀	—	600	—
编制		审核		批准	

4. 确定加工方案

按先粗后精、先近后远的加工原则确定加工顺序。

1）工步一：车削右端面。

2）工步二：粗、精加工外圆 $\phi28mm$、$\phi34mm$、$\phi40mm$、$\phi44mm$ 圆柱面至尺寸要求，倒角。

3）工步三：切断。

5. 填写工序卡

按加工顺序将各工步的加工内容、所用刀具编号、切削用量等加工信息填入数控加工工序卡，见表 1-2。

表 1-2　数控加工工序卡

数控加工工序卡			产品名称		项目名称		项目序号
					台阶轴零件的加工		01
工序号	程序编号	夹具名称	夹具编号		使用设备		车间
001	O0011	三爪自定心卡盘			CAK6150DJ		数控实训中心
工步号	工 步 内 容		切 削 用 量			刀 具		量具名称	备注
			主轴转速 $n/(r/mm)$	进给速度 $F/(mm/r)$	背吃刀量 a_p/mm	编号	名称		
1	车削右端面		600	0.25	1~2	T0101	外圆车刀	游标卡尺	手动
2	粗车轮廓，留余量0.5mm		600	0.25	1~2	T0101	外圆车刀	游标卡尺	自动
3	精车轮廓		1000	0.1	0.25	T0202	外圆车刀	游标卡尺	自动
4	切断		350	—	—	T0303	—	—	手动
编制		审核			批准		共1页	第1页

任务二　编写数控加工程序

根据各加工工步的进给路线编写零件的加工程序，数控加工程序单见表 1-3。

表 1-3　数控加工程序单

项目序号	01	项目名称	台阶轴零件的加工	编程原点	安装后右端面中心
程序号	O0011	数控系统	FANUC 0i Mate-TC	编制	
程 序 内 容			简 要 说 明		
T0101			换 T0101 刀到位		
G00 X80 Z100；			快速定位到换刀点		
M03 S600；			主轴正转，转速为 600r/min		
X45 Z3；			快速定位到循环起始点		
G71 U5 R1；			用 G71 指令粗加工轮廓		
G71 P10 Q20 U0.5 W0.2 F0.25；			设置 G71 加工参数		
N10 G01 X20；					
X28 Z-1；					
Z-16；					
X32；					
X32 Z-17；					
Z-31；			精加工轮廓		
X40 Z-34；					
Z-39；					
X44；					
Z-45；					
N20 X45；					

（续）

项目序号	01	项目名称	台阶轴零件的加工	编程原点	安装后右端面中心
程序号	O0011	数控系统	FANUC 0i Mate-TC	编制	
程 序 内 容			简 要 说 明		
G00 X80 Z100；			返回换刀点		
M05；			主轴停止		
M00；			程序暂停		
T0202 M03 S1000 F0.1；			换 T0202 刀，设置主轴以 1000r/min 正转，进给量为 0.1mm/r		
X45 Z3；			快速定位到循环起始点		
G70 P10 Q20；			用 G70 指令精加工轮廓		
G00 X80 Z100；			快速退刀，回换刀点		
M05；			主轴停止		
M30；			程序结束		

任务三 数控仿真加工零件

仿真软件的使用不仅可以帮助校验相应的加工程序，还可以帮助操作者熟悉自己的加工设备。

仿真软件的启动有两种方法：一种是通过"开始"→"程序"→"数控仿真软件系统"运行仿真系统；另一种是通过双击桌面快捷方式 启动仿真系统。

1. 仿真环境下的车床准备

（1）选择面板、激活车床 如图 1-3 所示，在软件界面右下角选择"大连机床厂 FANUC 0i MATE -TC"机床面板。

在系统启动键上单击鼠标左键，此时电源指示灯亮；检查急停按钮是否松开，若未松开，应按下急停按钮，将其松开。系统启动键和急停按钮如图 1-4 所示。

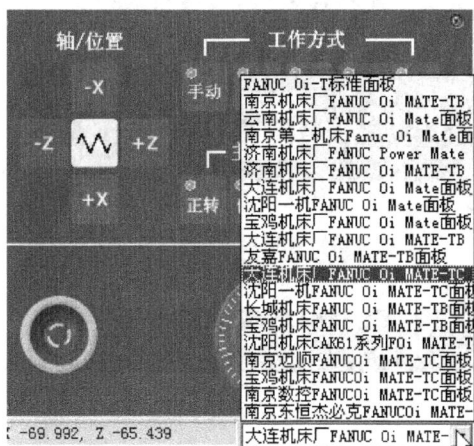

图 1-3 机床面板

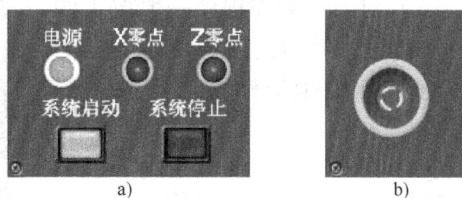

图 1-4 系统启动键和急停按钮
a）系统启动按钮 b）急停按钮

（2）车床回零 按下回零方式开关 ，首先进行 X 方向回零的操作，按"轴/位置"

键 +x ，等到回零灯亮再按"轴/位置"键 +z ，等到回零灯亮，完成回零操作。此时 X 零点、Z 零点灯都亮 。

（3）刀具的选择及安装　单击菜单"机床操作"→"刀具管理"，弹出"刀具库管理"对话框。单击鼠标，分别将"刀具数据库"中"Tool1 外圆车刀"、"Tool2 外圆车刀"、"Tool6 外圆车刀"三把车刀拖至"机床刀库"，操作结果如图 1-5 所示。

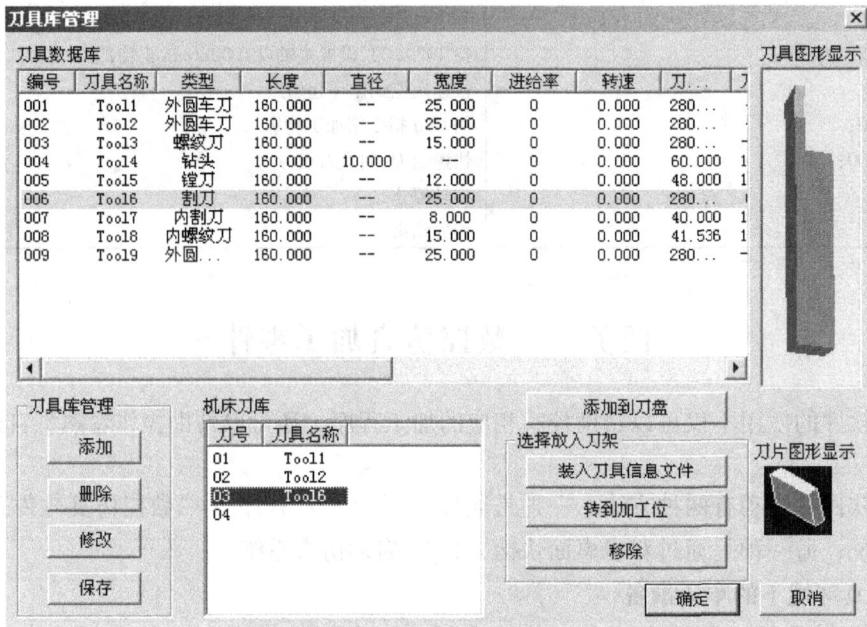

图 1-5　刀具管理操作结果

（4）设置毛坯　单击菜单"工件操作"→"设置毛坯"，弹出"设置毛坯"对话框。在"工件直径"处输入 45，"工件长度"处输入 100，设置结果如图 1-6 所示。按确定键。

2. 仿真环境下的车床操作

（1）对刀　数控程序一般按工件坐标系编程，对刀的过程就是建立工件坐标系与机床坐标系之间关系的过程。

① X 向对刀。选择"手动"工作模式 ，启动主轴正转 ，按控制面板上的 -x 键和 -z 键，使车床刀架在 X 轴负方向、Z 轴负方向移动。用

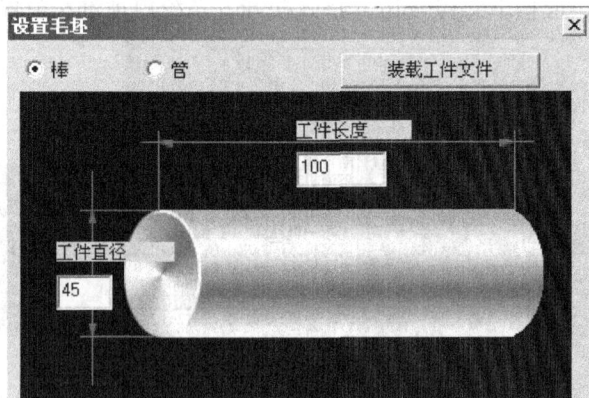

图 1-6　设置毛坯

所选外圆车刀试切工件外圆，切完后保持 X 坐标不变，沿 Z 轴正方向退刀，如图 1-7 所示。按主轴停止键 ，停止主轴转动。

单击"工件测量"→"特征线"选项，弹出"工件测量"对话框，如图 1-8 所示。记下

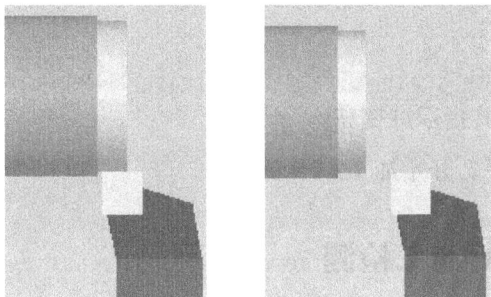

图1-7　外圆试切

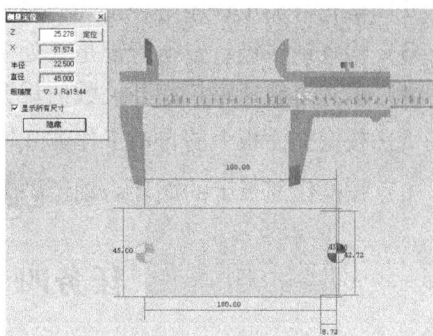

图1-8　工件测量

试切外圆的直径值。单击 ，退出"工件测量"。

按参数输入功能键 ，选择"形状"栏 形状 ，输入直径值；按菜单软键" 测量 "，系统会自动计算出坐标值并填入，完成 X 轴的对刀。

②Z 向对刀。按操作面板上的主轴正转键 正转 ，将刀具移至工件端面处。通过按 X 轴负方向键 -x ，切削工件端面，然后按 X 轴正方向退出，Z 轴方向保持不动，如图1-9 所示。按主轴停止键 停止 ，使主轴停止转动。

按参数输入功能键 ，选择"形状"栏 形状 ，输入直径值"Z0"，按菜单软键" 测量 "，系统会自动计算出坐标值并填入，完成 Z 轴的对刀。

（2）输入程序　选择 编辑 工作方式，按 PROG 键，进入程序编辑模式，如图1-10 所示。输入程序名 O0001，按 键开始输入程序。

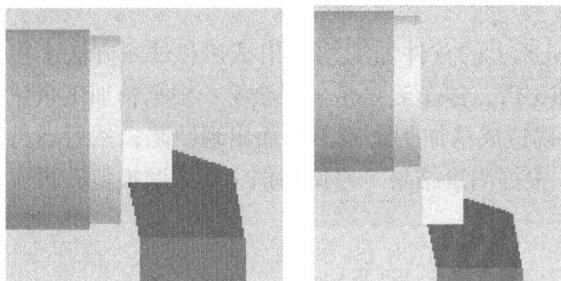

图1-9　切削端面

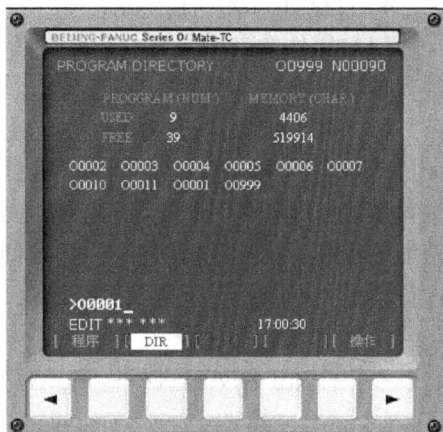

图1-10　程序编辑

（3）程序校验　程序校验是数控系统在正式运行加工程序之前的一种程序语法检查功能。将操作方式选择为"自动" 自动 ，按 锁住 键和 空运行 键，按循环启动键 。

（4）自动运行加工　程序校验完成后，如果没有发现问题，就可以进行自动加工。具体流程如下：

1）检查车床是否回零，若未回零，应先将车床回零。

2）检查待加工程序是否正确，若不正确，应重新选择程序。

3）检查锁住键、空运行键是否处于关闭状态。

4）检查进给速率倍率开关数值设置是否妥当。

5）按操作面板上的自动工作方式键 自动，使其指示灯变亮。

6）按操作面板上的循环启动键 循环1 启动程序，开始加工。

任务四　零件的加工检测

1. 加工准备

1）检查坯料尺寸。

2）开机，回参考点。

3）输入程序。将编写好的数控程序通过数控面板输入数控车床。

4）装夹工件。将工件装夹在三爪自定心卡盘中，伸出55mm，找正并夹紧。

5）装夹刀具。将外圆车刀、切断刀分别按要求装在刀架的T01、T02、T03号刀位。

2. 对刀设置

外圆粗、精车刀对刀时，X轴、Z轴均采用试切法对刀，并把操作得到的数据输入T01号刀具补偿中，G54等零点偏置中的数值输入0。

3. 空运行及仿真

打开程序，选择自动加工模式，按下空运行键和机床锁住键，按数控启动键，观察程序运行情况。若先按图形显示键，再按数控启动键，可进行加工轨迹仿真。空运行结束后，将空运行键和机床锁住键复位，并重新回机床参考点。

4. 自动加工及尺寸控制

（1）零件的自动加工　选择自动加工模式，打开程序，调好进给倍率，按循环启动键进行加工。

（2）零件加工过程中的尺寸控制　数控机床上的首件加工均采用试切和试测方法来保证尺寸精度。具体做法为：当程序执行完粗加工后，停车测量精加工余量；根据精加工余量设置精加工（T02）磨损量，避免因对刀不精确造成精加工余量不足而出现缺陷；然后运行精加工程序，执行完精加工后，再停车测量；根据测量结果，修调精加工车刀磨损值，再次运行精加工程序，直至达到尺寸要求为止。

5. 检测零件与评分

在零件加工结束后进行检测，对工件进行误差与质量分析，将结果填入表1-4。

表1-4　数控车床编程与操作考核表

班级			姓名		学号		日期	
项目名称			台阶轴零件的加工			项目序号	01	
基本检查	编程	序号	检测项目		配分	学生自评	教师评分	
		1	切削加工工艺制订正确		6			
		2	切削用量选用合理		6			
		3	程序正确、简单、明确且规范		6			

（续）

项目名称			台阶轴零件的加工		项目序号	01
基本检查	操作	序号	检测项目	配分	学生自评	教师评分
		4	设备操作、维护保养正确	6		
		5	刀具选择、安装正确、规范	6		
		6	工件找正、安装正确、规范	6		
		7	安全文明生产	6		
工作态度		8	行为规范、纪律良好	6		
外圆		9	$\phi 28$mm	6		
		10	$\phi 34$mm	6		
		11	$\phi 40$mm	6		
		12	$\phi 44$mm	6		
长度		13	6mm	5		
		14	16mm	5		
		15	31mm	5		
		16	(45 ± 0.15)mm	5		
倒角		17	$C1$（两处）	3		
表面粗糙度值		18	$Ra3.2\mu m$	3		
其他				2		
综合得分				100		

四、项目总结

在数控编程过程中，不同数控系统的数控程序的程序开始和程序结束是相对固定的。它们包括一些车床信息，如机床回零、工件零点设定、主轴启动、切削液开启等功能，如上述程序 O0011 中第一个 G71 指令前的程序段。因此，在实际编程过程中，我们通常将数控程序的程序开始和程序结束编写成相对固定的格式，从而减少编程工作量。

思考与练习

1. 试写出 G90 指令的格式。
2. 简述 G70 指令的功用，并写出其指令格式。
3. 圆锥的基本参数有哪些？

自 测 题

一、选择题

1. 数控是采用数字化信号对机床的（　　）进行控制的方法。

    A. 运动　　　　　　B. 加工过程　　　　　　C. 运动和加工过程　　　　　D. 无正确答案

2. 通常所说的数控系统是指（　　）。

    A. 主轴驱动和进给驱动系统　　　　　　B. 数控装置和驱动装置

    C. 数控装置和主轴驱动装置

3. 减小（　　）可以降低工件的表面粗糙度值。

    A. 主偏角　　　　　B. 副偏角　　　　　　C. 刀尖角

4. 将合理的加工过程以图表文字的形式记录下来，作为生产加工的依据，称为（　　）。

    A. 工艺卡片　　　B. 加工工艺　　　　　C. 工艺规程　　　　　　D. 工艺流程

5. 在 FANUC 系统中，显示图形、显示画面的功能键是（　　）

    A. PROG　　　　　B. OFFSET SETTING　　C. SYSTEM　　　　　　D. MESSAGE

二、判断题

1. 在数控加工中，为了提高生产率，应尽量遵循工序集中原则，即在一次装夹中车削尽可能多的表面。（　　）

2. 为防止铁屑伤手，操作车床时必须戴手套。（　　）

3. 常用车刀按刀具材料不同可分为高速钢车刀和硬质合金车刀两类。（　　）

4. M02 和 M30 功能完全一样，都是程序结束。（　　）

5. G00 指令与进给速度 F 的制订无关。（　　）

三、项目训练

加工如图 1-11 所示的台阶轴零件，材料为 45 钢，规格为 $\phi45mm \times 100mm$。要求：分析零件加工工艺、编制加工程序，并完成零件的加工。

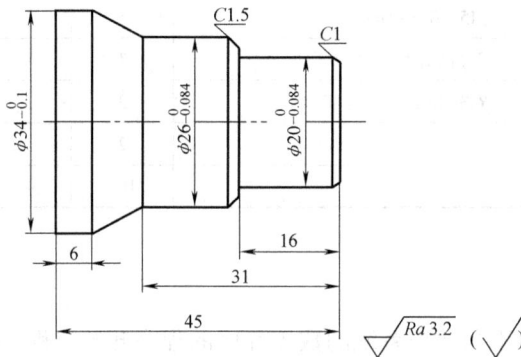

技术要求

1.不允许使用砂布或锉刀修整表面。

2.未注倒角C0.5。

图 1-11　台阶轴零件

项目二　带圆弧台阶轴零件的加工

一、项目描述

本项目的待加工零件为带圆弧台阶轴，如图 2-1 所示。已知毛坯为 $\phi45\text{mm} \times 100\text{mm}$ 的棒料，材料为 45 钢。要求制订零件的加工工艺；编写数控加工程序；通过数控仿真加工调试，优化程序；最后进行零件的加工检测。

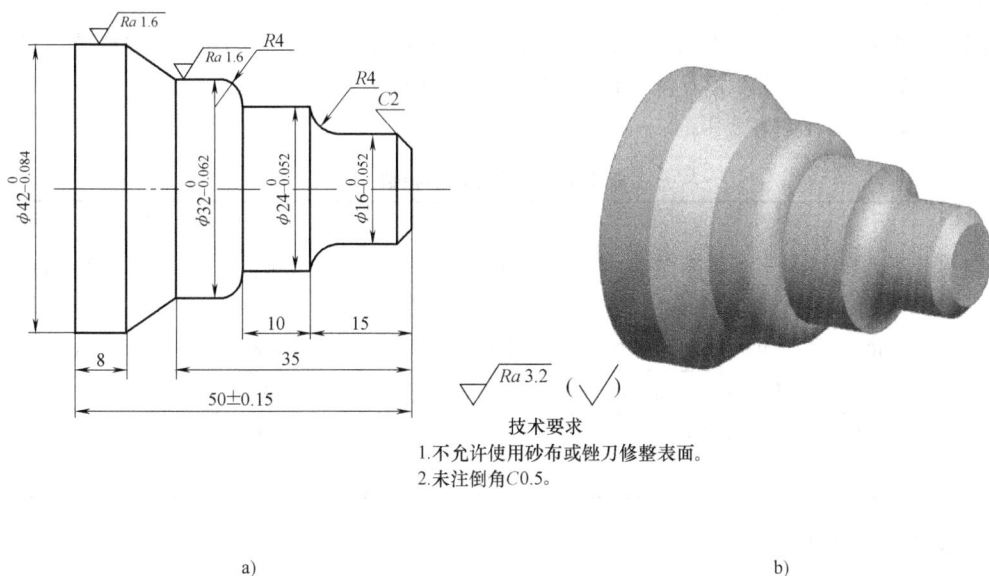

图 2-1　带圆弧台阶轴

a) 零件图　b) 实体图

二、项目教学目标

1. 巩固台阶轴零件加工工艺的制订方法。
2. 掌握 G2、G3 指令及其应用，会编写数控加工程序。
3. 正确合理地操作数控车床。

三、项目实施

任务一　制订零件的加工工艺

1. 分析零件图

（1）分析尺寸　如图 2-1 所示的台阶轴，形状简单，结构尺寸变化不大。该零件有四个台阶面，其径向尺寸 $\phi16$mm、$\phi24$mm、$\phi32$mm、$\phi42$mm 的精度较高，其中 $\phi32$mm、$\phi42$mm 外圆的表面粗糙度值不大于 $Ra1.6\mu$m，其他外圆的表面粗糙度值不大于 $Ra3.2\mu$m。零件总长有公差要求。

（2）确定加工基准　因为轴向尺寸采取分散标注，所以加工基准选毛坯的左、右端面均可。但该零件右端的轴向尺寸 15mm、35mm 和总长 50mm 都以右端面为基准进行标注，所以从基准统一的原则出发，确定零件的右端面为加工基准。

2. 确定装夹方案

零件的毛坯左端为 $\phi45$mm 的棒料，采用三爪自定心卡盘进行装夹。毛坯的长度远远大于零件的长度，为了便于装夹找正，毛坯的夹持部分可以适当加大，此处确定为 40mm，同时留出 5mm 作为加工完成后的切断宽度、5mm 作为安全距离。

3. 选择刀具及切削用量

因为此类零件的各外径均要求加工，并且加工完成后需要切断，所以需要准备 2 把外圆车刀，分别置于 T01、T02 号刀位；1 把切断刀置于 T03 号刀位。

刀具及切削参数见表 2-1。

表 2-1　刀具及切削参数

序号	刀具号	刀具类型	加工表面	切削用量	
				主轴转速 $n/(\text{r/mm})$	进给速度 $F/(\text{mm/r})$
1	T0101	93°菱形外圆车刀	粗车外轮廓	600	0.25
2	T0202	93°菱形外圆车刀	精车外轮廓	1000	0.1
3	T0303	3mm 切断刀	—	600	—
编制		审核		批准	

4. 确定加工方案

按由粗到精、由近及远的加工原则确定加工顺序。

1）工步一：车削右端面。

2）工步二：粗、精加工外圆 $\phi16$mm、$\phi24$mm、$\phi32$mm、$\phi42$mm 圆柱面至尺寸要求，倒圆、倒角。

3）工步三：切断。

5. 填写工序卡

按加工顺序将各工步的加工内容、所用刀具编号、切削用量等加工信息填入数控加工工序卡，见表 2-2。

表 2-2　数控加工工序卡

数控加工工序卡			产品名称	项目名称	项目序号
				带圆弧台阶轴零件的加工	02
工序号	程序编号	夹具名称	夹具编号	使用设备	车间
001	O0021	三爪自定心卡盘		CAK6150DJ	数控实训中心

（续）

工序号	程序编号	夹具名称	夹具编号		使用设备	车间
001	O0021	三爪自定心卡盘			CAK6150DJ	数控实训中心

工步号	工 步 内 容	切 削 用 量			刀 具		量具名称	备注
		主轴转速 $n/(r/mm)$	进给速度 $F/(mm/r)$	背吃刀量 a_p/mm	编号	名称		
1	车削右端面	600	0.25	1~2	T0101	外圆车刀	游标卡尺	手动
2	粗车轮廓，留余量0.5mm	600	0.25	1~2	T0101	外圆车刀	游标卡尺	自动
3	精车轮廓	1000	0.1	0.25	T0202	外圆车刀	游标卡尺	自动
4	切断	350	—	—	T0303	—	—	手动
编制		审核		批准			共1页	第1页

任务二　编写数控加工程序

根据各加工工步的进给路线编写零件的加工程序，数控加工程序单见表2-3。

表2-3　数控加工程序单

项目序号	02	项目名称	带圆弧台阶轴零件的加工	编程原点	安装后右端面中心
程序号	O0021	数控系统	FANUC 0i Mate-TC	编制	

程 序 内 容	简 要 说 明
T0101	换T0101刀到位
G00 X80 Z100；	快速定位到换刀点
M03 S600；	主轴正转，转速为600r/min
X45 Z3；	快速定位到循环起始点
G71 U1.5 R1；	用G71指令粗加工轮廓
G71 P10 Q20 U0.5 W0.2 F0.25；	设置G71加工参数
N10 G01 X6；	
X16 Z−2；	
Z−15 R4；	
X24；	
Z−25；	
X32 R4；	精加工轮廓
Z−35；	
X42 Z−42；	
Z−50；	
N20 X45；	
G00 X80　Z100；	返回换刀点
M05；	主轴停止
M00；	程序暂停
T0202 M03 S1000 F0.1；	换T0202刀，设置主轴以1000r/min正转，进给量为0.1mm/r
X45 Z3；	快速定位到循环起始点
G70 P10 Q20；	用G70指令精加工轮廓
G00 X80 Z100；	快速退刀，回换刀点
M05；	主轴停止
M30；	程序结束

任务三　数控仿真加工零件

数控仿真操作步骤如下：

1）打开仿真软件，开机。

2）选择面板，车床各轴回参考点。

3）选择及安装刀具，定义毛坯及设置零件。

4）对刀。

5）输入程序。

6）程序校验。

7）自动运行仿真加工。

8）测量工件，优化程序。

任务四　零件的加工检测

1. 加工准备

1）检查坯料尺寸。

2）开机，回参考点。

3）输入程序。将编写好的数控程序通过数控面板输入数控车床。

4）装夹工件。将工件装夹在三爪自定心卡盘中，伸出 60mm，找正并夹紧。

5）装夹刀具。将外圆车刀、切断刀分别按要求装在刀架的 T01、T02、T03 号刀位。

2. 对刀设置

外圆车刀对刀时，X 轴、Z 轴均采用试切法对刀，并把操作得到的数据输入 T01 号刀具补偿中，G54 等零点偏置中的数值输入 0。

3. 空运行及仿真

打开程序，选择自动加工模式，按下空运行键和机床锁住键，按数控启动键，观察程序运行情况。若先按图形显示键，再按数控启动键，可进行加工轨迹仿真。空运行结束后，将空运行键和机床锁住键复位，并重新回机床参考点。

4. 自动加工及尺寸控制

（1）零件的自动加工　选择自动加工模式，打开程序，调好进给倍率，按循环启动键进行加工。

（2）零件加工过程中的尺寸控制　数控车床上的首件加工均采用试切和试测方法来保证尺寸精度。具体做法为：当程序执行完粗加工后，停车测量精加工余量；根据精加工余量设置精加工（T02）磨损量，避免因对刀不精确造成精加工余量不足而出现缺陷；然后运行精加工程序，执行完精加工后，再停车测量；根据测量结果，修调精加工车刀磨损值，再次运行精加工程序，直至达到尺寸要求为止。

5. 检测零件与评分

在零件加工结束后进行检测，对工件进行误差与质量分析，将结果填入表 2-4。

表 2-4　数控车床编程与操作考核表

班级			姓名		学号		日期	
项目名称			带圆弧台阶轴零件的加工			项目序号		02
基本检查	编程	序号	检测项目		配分	学生自评	教师评分	
		1	切削加工工艺制订正确		6			
		2	切削用量选用合理		6			
		3	程序正确、简单、明确且规范		6			
	操作	4	设备操作、维护保养正确		6			
		5	刀具选择、安装正确、规范		6			
		6	工件找正、安装正确、规范		6			
		7	安全文明生产		6			
工作态度		8	行为规范、纪律良好		6			
外圆		9	$\phi16$mm		6			
		10	$\phi24$mm		6			
		11	$\phi32$mm		6			
		12	$\phi42$mm		6			
长度		13	8mm		4			
		14	10mm		4			
		15	15mm		4			
		16	35mm		4			
		17	(50 ± 0.15)mm		5			
倒角		18	$C2$		2			
表面粗糙度值		19	$Ra1.6\mu m$		3			
其他					2			
综合得分					100			

四、项目总结

该项目相对简单，加工圆弧时要根据切削状况适时调整进给修调开关。在编程过程中，由于程序段号在手工输入过程中会自动生成，因此程序段号可省略不写。

通过该项目的训练，巩固调用固定循环 G71 指令进行编程加工的方法，掌握控制尺寸精度、表面粗糙度值的方法，注意拟订合理的加工工艺路线。

思考与练习

1. FANUC 系统 G71 指令和 G94 指令有何不同？

2. 编程尺寸为何取公称尺寸？

3. 在数控加工中出现意外事故时应如何处理？

自　测　题

一、选择题

1. 数控车削加工遵循的原则之一是"先近后远"，这主要是为了减少（　　）时间。

　A. 对刀　　　　　B. 刀具空行程　　　　　C. 装夹　　　　　D. 切削行程

2. 关于固定循环编程，以下说法不正确的是（　　　）。

    A. 固定循环是预先设定好的一系列连续加工动作

    B. 利用固定循环编程，可大大缩短程序的长度，减少程序所占的内存

    C. 利用固定循环编程，可以减少加工时的换刀次数，提高加工效率

    D. 固定循环编程可分为单一形状与多重（复合）固定循环两种类型

3. "G71 U(Δd) R(e)；G71 P(n_s) Q(n_f) U(Δu) W(Δw) F_T_;"中的"Δu"表示（　　　）。

    A. X 向每次进给量（半径量）　　　　　　B. X 向每次进给量（直径量）

    C. X 向精加工余量（半径量）　　　　　　D. X 向精加工余量（直径量）

4. 在下列指令中，可用于加工端面槽的指令是（　　　）。

    A. G73　　　　　　B. G74　　　　　　C. G75　　　　　　D. G76

5. 使用手轮时，当方式选择旋钮指向手轮 ×1 时，每旋转一个刻度，相应的轴移动（　　　）mm。当方式选择旋钮指向手轮 ×100 时，每旋转一个刻度，相应的轴移动（　　　）mm。

    A. 0.1　　　　　　B. 0.001　　　　　　C. 0.0001　　　　　　D. 1　　　　E. 10

二、判断题

1. 基准不重合和基准位置变动的误差，会造成定位误差。　　　　　　　　　　　　（　　）

2. 制订数控车床工艺时，必须考虑换刀、变速、切削液启停等辅助动作。　　　　（　　）

3. G71 指令中的 R 值是指粗加工过程中 X 方向的退刀量，该值为半径量。　　　（　　）

4. G32 指令功能为螺纹切削加工，只能加工螺蚊。　　　　　　　　　　　　　　（　　）

5. 影响切削温度的主要因素有工件材料、切削用量、刀具几何参数和冷却条件等。（　　）

三、项目训练

加工如图 2-2 所示的台阶轴零件，材料为 45 钢，规格为 ϕ45mm × 100mm。要求：分析零件加工工艺、编制加工程序，并完成零件的加工。

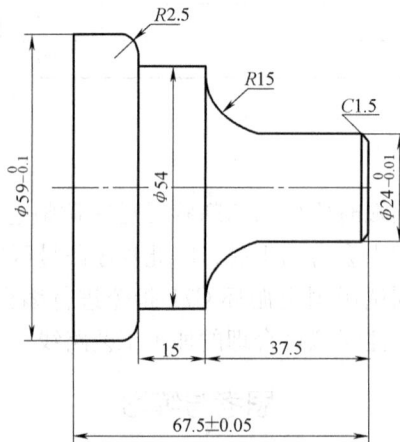

图 2-2　台阶轴零件

项目三 螺纹轴零件的加工（1）

一、项目描述

本项目的待加工零件为螺纹轴，如图 3-1 所示。已知毛坯为 $\phi45\text{mm} \times 100\text{mm}$ 的棒料，材料为 45 钢。要求制订零件的加工工艺；编写零件加工程序；通过数控仿真加工调试，优化程序；最后进行零件的加工检测。

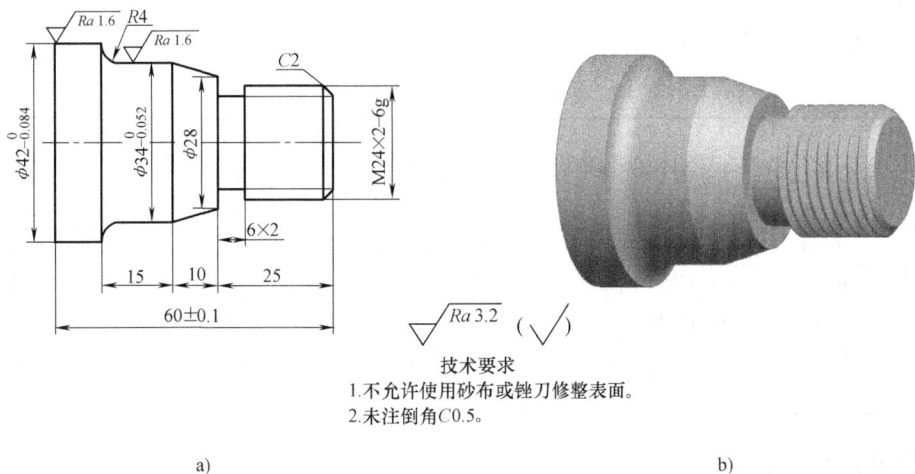

图 3-1 螺纹轴
a）零件图 b）实体图

二、项目教学目标

1. 掌握螺纹轴零件加工工艺的制订方法。
2. 掌握 G92 指令及其应用。
3. 熟悉相关的工具、量具、夹具，并能熟练操作数控车床。

三、项目实施

任务一 制订零件的加工工艺

1. 分析零件图

（1）分析尺寸 如图 3-1 所示的螺纹轴，形状简单，结构尺寸变化不大。该零件由圆柱面、圆弧、沟槽及外螺纹组成。外圆径向尺寸 $\phi34\text{mm}$、$\phi42\text{mm}$ 的精度较高，其外圆的表面粗糙度值不大于 $Ra1.6\mu\text{m}$。螺纹有公差要求，零件总长有公差要求。

（2）确定加工基准　因为轴向尺寸采取分散标注的方式，所以加工基准选毛坯的左、右端面均可。但该零件螺纹轴的轴向尺寸和总长 60mm 都以右端面为基准进行标注，所以从基准统一的原则出发，确定零件的右端面为加工基准。

2. 确定装夹方案

零件的毛坯左端为 $\phi45mm$ 的棒料，采用三爪自定心卡盘进行装夹。为了便于装夹找正，毛坯的夹持部分可以适当加大，此处确定为 30mm，同时留出 5mm 作为加工完成后的切断宽度、5mm 作为安全距离。

3. 选择刀具及切削用量

因为此类零件的外径、沟槽、螺纹均要求加工，并且加工完成后需要切断，所以需要准备 2 把外圆车刀，分别置于 T01、T02 刀位；1 把切槽刀置于 T03 刀位；1 把螺纹车刀置于 T04 号刀位。

刀具及切削参数见表 3-1。

表 3-1　刀具及切削参数

序号	刀具号	刀具类型	加工表面	切削用量	
				主轴转速 $n/(r/mm)$	进给速度 $F/(mm/r)$
1	T0101	93°菱形外圆车刀	粗车外轮廓	600	0.25
2	T0202	93°菱形外圆车刀	精车外轮廓	1000	0.1
3	T0303	4mm 切槽刀	沟槽	350	0.1
4	T0404	60°外螺纹车刀	三角形螺纹	1000	2
编制		审核		批准	

4. 确定加工方案

按由粗到精、由近及远的加工原则确定加工顺序。

1）工步一：车削右端面。

2）工步二：粗、精加工外圆 $\phi28mm$、$\phi34mm$、$\phi42mm$ 圆柱面及 M24×2 螺纹大径等至尺寸要求，倒圆、倒角。

3）工步三：切槽。

4）工步四：加工螺纹。

5）工步五：切断。

5. 填写工序卡

按加工顺序将各工步的加工内容、所用刀具编号、切削用量等加工信息填入数控加工工序卡，见表 3-2。

表 3-2　数控加工工序卡

数控加工工序卡			产品名称	项目名称	项目序号
				螺纹轴零件的加工（1）	03
工序号	程序编号	夹具名称	夹具编号	使用设备	车间
001	O0031	三爪自定心卡盘		CAK6150DJ	数控实训中心

（续）

工序号	程序编号	夹具名称	夹具编号		使用设备	车间
001	O0031	三爪自定心卡盘			CAK6150DJ	数控实训中心

工步号	工步内容	切削用量			刀 具		量具名称	备注
		主轴转速 $n/(\text{r/mm})$	进给速度 $F/(\text{mm/r})$	背吃刀量 a_p/mm	编号	名称		
1	车削右端面	600	0.25	1～2	T0101	外圆车刀	游标卡尺	手动
2	粗车轮廓，留余量 0.5mm	600	0.25	1～2	T0101	外圆车刀	外径千分尺	自动
3	精车轮廓	1000	0.1	0.25	T0202	外圆车刀	外径千分尺	自动
4	切槽	350	0.1	2	T0303	切槽刀	游标卡尺	自动
5	加工螺纹	1000	2	—	T0404	螺纹车刀	螺纹千分尺	自动
6	切断	350	—	—	T0303	—	—	手动
编制		审核		批准		共1页	第1页	

任务二 编写数控加工程序

根据各加工工步的进给路线编写零件的加工程序，数控加工程序单见表 3-3。

表 3-3 数控加工程序单

项目序号	03	项目名称	螺纹轴零件的加工(1)	编程原点	安装后右端面中心
程序号	O0031	数控系统	FANUC 0i Mate-TC	编制	

程序内容	简要说明
T0101；	换 T0101 刀到位
G00 X80 Z100；	快速定位到换刀点
M03 S600；	主轴正转，转速为 600r/min
X45 Z3；	快速定位到循环起始点
G71 U1.5 R1；	用 G71 指令粗加工轮廓
G71 P10 Q20 U0.5 W0.2 F0.25；	设置 G71 加工参数
N10 G01 X14；	
X24 Z－2；	
Z－25；	
X28；	
X34 Z－35；	精加工轮廓
Z－50 R4；	
X42；	
Z－60；	
N20 X45；	
G00 X80 Z100；	返回换刀点
M05；	主轴停止
M00；	程序暂停

（续）

项目序号	03	项目名称	螺纹轴零件的加工(1)	编程原点	安装后右端面中心
程序号	O0031	数控系统	FANUC 0i Mate-TC	编制	

程 序 内 容	简 要 说 明
T0202 M03 S1000 F0.1；	选择 T0202 号刀，设置主轴以 1000r/min 正转，进给量为 0.1mm/r
G00 X45 Z3；	快速定位到循环起始点
G70 P10 Q20；	用 G70 指令精加工轮廓
G00 X80 Z100；	快速退刀，回换刀点
M05；	主轴停止
M00；	程序暂停
T0303 M03 S350 F0.1；	选择 T0303 号刀，主轴正转，转速为 350r/min，进给量为 0.1mm/r
G00 X30 Z−25；	快速移动至起刀点
G01 X20.1；	车槽
G00 X30；	快速移动点定位
G00 Z−23；	快速移动点定位
G01 X20；	车槽
G01 Z−25；	车削槽底
G00 X30；	快速移动点定位
G00 X80 Z100；	快速移动到换刀点
M05；	主轴停止
M00；	程序暂停
T0404 M03 S1000；	选择 T0404 号刀，主轴正转，转速为 1000r/min
G00 X26 Z2；	快速移动至起刀点
G92 X23.1 Z−21 F2；	螺纹切削循环，螺距为 2mm
X22.5；	
X21.9；	
X21.5；	
X21.4；	
X21.4；	精车螺纹
G00 X80 Z100；	回换刀点
M05；	主轴停止
M30；	程序结束

任务三　数控仿真加工零件

数控仿真操作步骤如下：

1）打开仿真软件，开机。

2）选择面板，车床各轴回参考点。

3）选择及安装刀具，定义毛坯及设置零件。

4）对刀。

5）输入程序。

6）程序校验。

7）自动运行仿真加工。

8）测量工件，优化程序。

任务四 零件的加工检测

1. 加工准备

1）检查坯料尺寸。

2）开机，回参考点。

3）输入程序。将编写好的数控程序通过数控面板输入数控车床。

4）装夹工件。将工件装夹在三爪自定心卡盘中，伸出55mm，找正并夹紧。

5）装夹刀具。将外圆车刀、切槽刀、螺纹车刀分别按要求装在刀架的T01、T02、T03、T04号刀位。

2. 对刀设置

外圆车刀和切槽刀对刀时，X轴、Z轴均采用试切法对刀，并把操作得到的数据输入相应的刀具补偿号中。螺纹车刀对刀时，X轴对刀与外圆车刀采用试切法对刀相同；Z轴对刀时，将车床主轴停转，采用目测法或借助金属直尺使螺纹车刀的刀尖与工件右端面对齐，然后将相应的数据输入刀具补偿号中。

3. 空运行及仿真

对输入的程序进行空运行或轨迹仿真，以检测程序是否正确。

4. 自动加工及尺寸控制

（1）零件的自动加工 选择自动加工模式，打开程序，调好进给倍率，按循环启动键进行加工。

（2）零件加工过程中的尺寸控制 外圆和长度尺寸的控制同前面项目。控制螺纹尺寸的步骤是：设置一定的螺纹车刀磨损量，在运行完一遍加工螺纹的程序后，停车检测；根据测量结果，修调螺纹车刀的磨损值，再次运行螺纹加工程序，直到达到尺寸要求为止。

5. 检测零件与评分

在零件加工结束后进行检测，对工件进行误差与质量分析，将结果填入表3-4。

表3-4 数控车床编程与操作考核表

班级			姓名		学号		日期	
项目名称		螺纹轴零件的加工(1)				项目序号	03	
基本检查	编程	序号	检测项目		配分	学生自评	教师评分	
		1	切削加工工艺制订正确		6			
		2	切削用量选用合理		6			
		3	程序正确、简单、明确且规范		6			
	操作	4	设备操作、维护保养正确		6			
		5	刀具选择、安装正确、规范		6			
		6	工件找正、安装正确、规范		6			
		7	安全文明生产		6			

（续）

项目名称			螺纹轴零件的加工（1）		项目序号	03
工作态度	序号	检测项目		配分	学生自评	教师评分
	8	行为规范、纪律良好		6		
外圆	9	ϕ28mm		5		
	10	ϕ34mm		5		
	11	ϕ42mm		5		
螺纹	12	M24×2		7		
长度	13	6mm×2mm		4		
	14	10mm		4		
	15	15mm		4		
	16	25mm		4		
	17	（60±0.1）mm		6		
倒圆	18	R4		2		
倒角	19	C2		2		
表面粗糙度值	20	Ra1.6μm		2		
其他				2		
综合得分				100		

四、项目总结

在机械制造业中，采用数控车削的方法加工螺纹是目前常用的方法。与普通车削相比，车削螺纹的进给速度要高出 10 倍，螺纹车刀刀尖处的作用力要高 100 ~ 1000 倍，切削速度较快，切削力较大而作用力聚集范围较窄，导致螺纹的加工难度高。在加工时可从刀具、切削液和程序的编制三方面来提高数控车削螺纹的精度。此外，加工时一定要夹紧工件，以防车削时工件打滑飞出伤人和发生扎刀现象，必须注意安全文明生产。

思考与练习

1. 简述外圆柱面的直径及螺纹实际小径的确定方法。

2. 车削螺纹时，确定主轴转速应遵循的原则有哪些？

3. 车削 M30×1.5 的外螺纹零件（材料为 45 钢），试确定实际车削时外圆柱面的直径 d_{j1}、螺纹实际牙型高度和螺纹实际小径 d_{j2}。

自 测 题

一、填空题

1. 代码解释：M02 ＿＿＿，M04 ＿＿＿，M08 ＿＿＿，M30 ＿＿＿。

2. 长度尺寸超过直径＿＿＿倍以上的旋转零件称为轴类零件。

3. 在加工中使用切削液的作用是＿＿＿和＿＿＿。

4. 在数控车床上车削螺纹的进刀方法主要有____、____和左右进刀法三种。

5. G71 指令必须带有 P、Q 地址____，且应与精加工路径起、止顺序号对应，否则不能进行该循环加工。

二、判断题

1. 为防工件变形，夹紧部位要与支承件对应，尽可能不在悬空处夹紧。 （　　）

2. G71 指令中的 R 值是指粗加工过程中 X 方向的退刀量，该值为半径量。 （　　）

3. G32 指令是 FANUC 系统中用于加工螺纹的单一固定循环指令。 （　　）

4. 如果在单段方式下执行 G92 循环，则每执行一次循环必须按四次循环启动键。 （　　）

5. 车削螺纹时，必须设置升速段和降速段。 （　　）

三、项目训练

加工如图 3-2 所示的螺纹轴零件，材料为 45 钢，规格为 $\phi 60\text{mm} \times 120\text{mm}$。要求：分析零件的加工工艺、编制加工程序，并完成零件的加工。

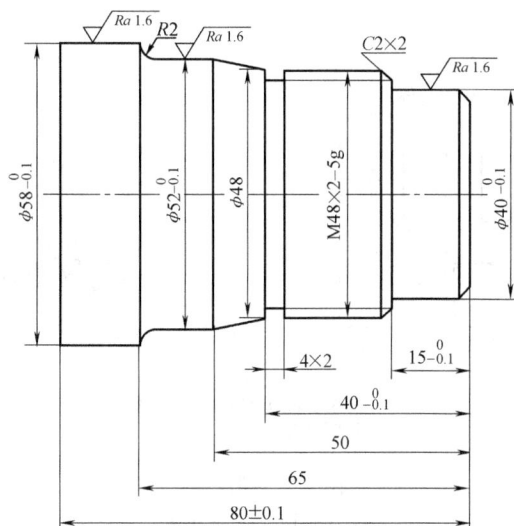

图 3-2 螺纹轴零件

项目四　螺纹轴零件的加工（2）

一、项目描述

本项目的待加工零件为螺纹轴，如图 4-1 所示。已知毛坯为 $\phi 45mm \times 100mm$ 的棒料，材料为 45 钢。要求制订零件的加工工艺；编写数控加工程序；通过数控仿真加工零件，优化程序；最后进行零件的加工检测。

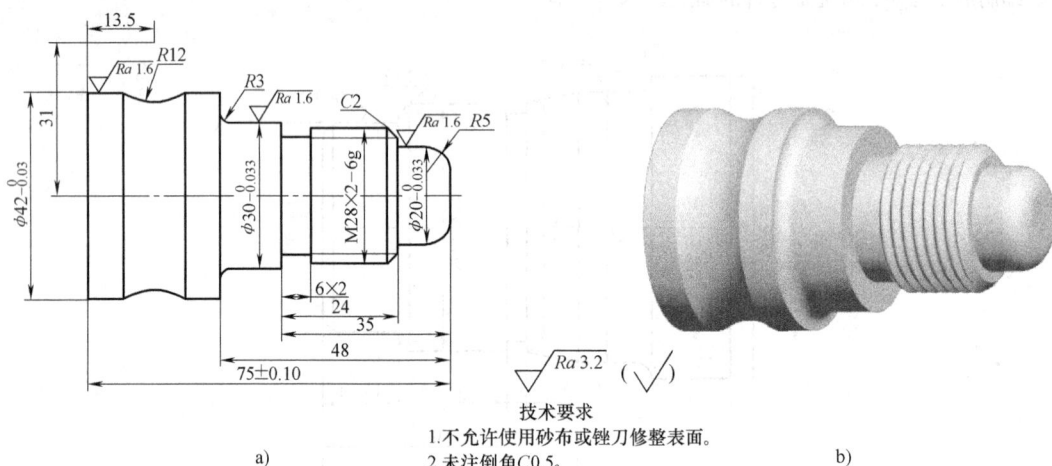

图 4-1　螺纹轴

a）零件图　b）实体图

二、项目教学目标

1. 巩固螺纹轴零件加工工艺的制订方法。
2. 掌握 G73 指令及其应用。
3. 掌握保证尺寸精度的方法。

三、项目实施

任务一　制订零件的加工工艺

1. 分析零件图

（1）分析尺寸　如图 4-1 所示的零件，形状简单，结构尺寸变化不大。零件的总体结构主要包括圆柱、圆弧、圆角、沟槽及外螺纹等。零件重要的径向加工部位有 $\phi 20mm$、$\phi 30mm$、$\phi 42mm$ 外圆柱表面（其精度较高、表面粗糙度值为 $Ra1.6\mu m$），$R20mm$ 外圆弧面，R3mm、R5mm 的过渡圆弧，以及零件右端的退刀槽及 M28×2 螺纹。零件总长有公差要求。

（2）确定加工基准　该零件的轴向尺寸以右端面为基准进行标注，所以从基准统一的原则出发，确定零件的右端面为加工基准。

2. 确定装夹方案

零件采用三爪自定心卡盘进行装夹。零件的加工长度为 75mm；零件加工完需要切断，留出 5mm 作为切断宽度；同时留 5mm 作为安全距离，因此零件伸出总长应为 85mm 以上。

3. 选择刀具及切削用量

由于此类零件的外径、沟槽、螺纹均要求加工，并且加工完成后需要切断，所以需要准备 2 把外圆车刀、1 把切槽刀、1 把螺纹车刀，分别置于 T01～T04 号刀位。

刀具及切削参数见表 4-1。

表 4-1　刀具及切削参数

序号	刀具号	刀具类型	加工表面	切削用量	
				主轴转速 $n/(\text{r/mm})$	进给速度 $F/(\text{mm/r})$
1	T0101	93°菱形外圆车刀	粗车外轮廓	600	0.25
2	T0202	93°菱形外圆车刀	精车外轮廓	1000	0.1
3	T0303	4mm 切槽刀	沟槽	350	0.1
4	T0404	60°外螺纹车刀	三角形螺纹	1000	2
编制		审核		批准	

4. 确定加工方案

按由粗到精、由近及远的加工原则确定加工顺序。

1）工步一：车削右端面。

2）工步二：粗、精加工外圆 φ20mm、φ30mm、φ42mm 圆柱面及 M28×2 螺纹大径等至尺寸要求。

3）工步三：切槽。

4）工步四：加工螺纹。

5）工步五：切断。

5. 填写工序卡

按加工顺序将各工步的加工内容、所用刀具编号、切削用量等加工信息填入数控加工工序卡，见表 4-2。

表 4-2　数控加工工序卡

数控加工工序卡			产品名称	项目名称	项目序号
				螺纹轴零件的加工(2)	04
工序号	程序编号	夹具名称	夹具编号	使用设备	车间
001	O0041	三爪自定心卡盘		CAK6150DJ	数控实训中心

（续）

工序号	程序编号	夹具名称	夹具编号	使用设备	车间
001	O0041	三爪自定心卡盘		CAK6150DJ	数控实训中心

工步号	工步内容	切削用量			刀具		量具名称	备注
		主轴转速 $n/(r/mm)$	进给速度 $F/(mm/r)$	背吃刀量 a_p/mm	编号	名称		
1	车削右端面	600	0.25	1~2	T0101	外圆车刀	游标卡尺	手动
2	粗车轮廓,留余量0.5mm	600	0.25	1~2	T0101	外圆车刀	外径千分尺	自动
3	精车轮廓	1000	0.1	0.25	T0202	外圆车刀	外径千分尺	自动
4	切槽	350	0.1	2	T0303	切槽刀	游标卡尺	自动
5	加工螺纹	1000	2	—	T0404	螺纹车刀	螺纹千分尺	自动
6	切断	350	—	—	T0303	—	—	手动
编制		审核		批准			共1页	第1页

任务二　编写数控加工程序

根据各加工工步的进给路线编写零件的加工程序，数控加工程序单见表4-3。

表4-3　数控加工程序单

项目序号	04	项目名称	螺纹轴零件的加工(2)	编程原点	安装后右端面中心
程序号	O0041	数控系统	FANUC 0i Mate-TC	编制	
程序内容			简要说明		

程序内容	简要说明
T0101;	换T0101刀到位
G00 X80 Z100;	快速定位到换刀点
M03 S600;	主轴正转,转速为600r/min
G00 X45 Z3;	快速定位到循环起始点
G73 U16 W0 R8;	用G73指令粗加工轮廓
G73 P10 Q20 U0.5 W0.2 F0.25;	设置G73加工参数
N10 X10;	
Z0;	
G03 X20 Z-5 R5;	
G01 Z-11;	
X23.85;	
X27.85 Z-13;	
Z-35;	
X30;	精加工轮廓
Z-45;	
G02 X36 Z-48 R3;	
G01 X42;	
Z-55.15;	
G02 X42 Z-68.75 R12;	
G01 Z-75;	
N20 X45;	
G00 X80 Z100;	返回换刀点

（续）

项目序号	04	项目名称	螺纹轴零件的加工(2)	编程原点	安装后右端面中心
程序号	O0041	数控系统	FANUC 0i Mate-TC	编制	
程 序 内 容			简 要 说 明		
M05；			主轴停止		
M00；			程序暂停		
T0202；			换 T0202 刀到位		
M03 S1000；			设置主轴以 1000r/min 正转,进给量为 0.1mm/r		
G00 X45 Z3；			快速定位到循环起始点		
G70 P10 Q20 F0.1；			用 G70 指令精加工轮廓		
G00 X80 Z100；			快速退刀,回换刀点		
M05；			主轴停止		
M00；			程序暂停		
T0303；			选择 T0303 号刀		
M03 S350 F0.1；			主轴正转,转速为 350r/min,进给量为 0.1mm/r		
G00 X32 Z−35；			快速移动至起刀点		
G01 X24.1；			切槽		
G00 X32；			快速移动点定位		
G00 Z−33；			快速移动点定位		
G01 X24；			切槽		
Z−35；			车削槽底		
G00 X32；			快速移动点定位		
G00 X80 Z100；			快速移动到换刀点		
M05 ；			主轴停止		
M00；			程序暂停		
T0404；			选择 T0404 号刀		
M03 S1000；			主轴正转,转速为 1000r/min		
G00 X30 Z−9；			快速移动至起刀点		
G92 X27.85 Z−17 F2；			螺纹切削循环,螺距为 2mm		
X27.2；					
X26.6；					
X26.3；					
X26；					
X25.835；					
X25.835；			精车螺纹		
G00 X80 Z100；			快速移动到换刀点		
M05；			主轴停止		
M30；			程序结束		

任务三　数控仿真加工零件

数控仿真操作步骤如下：

1）打开仿真软件，开机。

2）选择面板，车床各轴回参考点。

3）选择及安装刀具，定义毛坯及设置零件。

4）对刀。

5）输入程序。

6）程序校验。

7）自动运行仿真加工。

8）测量工件，优化程序。

任务四　零件的加工检测

1. 加工准备

1）检查坯料尺寸。

2）开机，回参考点。

3）输入程序。将编写好的数控程序通过数控面板输入数控车床。

4）装夹工件。将工件装夹在三爪自定心卡盘中，伸出90mm，找正并夹紧。

5）装夹刀具。将相关刀具分别按要求装在刀架相应刀位上。

2. 对刀设置

四把刀依次采用试切法对刀。把通过对刀操作得到的零点偏置分别输入各自的长度补偿中。其中，切槽刀以左刀尖为刀位点，螺纹车刀以刀尖为刀位点，对刀步骤同项目三。

3. 空运行及仿真

对输入的程序进行空运行或轨迹仿真，以检测程序是否正确。

4. 自动加工及尺寸控制

（1）零件的自动加工　选择自动加工模式，打开程序，调好进给倍率，按循环启动键进行加工。

（2）零件加工过程中的尺寸控制　外圆、长度及螺纹的尺寸可通过修改刀具磨损量的方法进行控制。

5. 检测零件与评分

在零件加工结束后进行检测，对工件进行误差与质量分析，将结果填入表4-4中。

表4-4　数控车床编程与操作考核表

班级			姓名		学号		日期	
项目名称			螺纹轴零件的加工（2）			项目序号	04	
基本检查	编程	序号	检测项目		配分	学生自评	教师评分	
		1	切削加工工艺制订正确		6			
		2	切削用量选用合理		6			
		3	程序正确、简单、明确且规范		6			
	操作	4	设备操作、维护保养正确		6			
		5	刀具选择、安装正确、规范		6			
		6	工件找正、安装正确、规范		6			
		7	安全文明生产		6			

（续）

项目名称		螺纹轴零件的加工（2）		项目序号	04
工作态度	序号	检测项目	配分	学生自评	教师评分
	8	行为规范、纪律良好	6		
外圆	9	$\phi20$mm	5		
	10	$\phi30$mm	5		
	11	$\phi42$mm	5		
螺纹	12	M28×2	8		
长度	13	6mm×2mm	3		
	14	24mm	3		
	15	35mm	3		
	16	48mm	3		
	17	(75±0.10)mm	5		
圆弧	18	$R3$mm	2		
	19	$R5$mm	2		
	20	$R12$mm	3		
倒角	21	C2	2		
其他			3		
综合得分			100		

四、项目总结

虽然仿形切削循环 G73 指令可以加工内凹的轮廓，但该指令主要用于已成形工件（如锻件、铸件等）的粗加工。因此，加工本项目工件时，刀具的空行程较多，切削效率较低。解决的方案是：先采用 G71 指令进行粗加工，再采用 G73 指令进行半精加工和精加工。

思考与练习

1. 简述 FANUC 系统 G71、G72、G73 指令的不同。

2. 简述对刀点的定义和选择原则。

3. 试叙述程序的创建和编辑的过程。

自　测　题

一、填空题

1. 数控车床按功能可分为____、____和____。

2. 成形面又称特形面，是指具有曲线轮廓的____。

3. 圆弧的顺、逆方向应从垂直于圆弧所在平面的坐标轴正向进行观察判断，顺时针走向的圆弧为____，逆时针走向的圆弧为____。

4. 螺纹牙型是通过____上的螺纹的轮廓形状；牙型角 α 是在螺纹牙型上，相邻____的夹角。

5. G73 指令与 G71 指令的功能相同，只是刀具路径按照工件____进行循环。

二、判断题

1. 硬质合金是一种耐磨性好、耐热性高、抗弯强度和冲击韧度较高的材料。 （   ）

2. 切削用量包括进给量、背吃刀量和工件转速。 （   ）

3. 对于精度要求较高的零件在精加工时最好采用一次安装的方式。 （   ）

4. 在恒转速条件下车削端面时，切削速度是变化的。 （   ）

5. 位置公差是指关联实际要素的位置对基准所允许的变动全量。 （   ）

三、项目训练

加工如图 4-2 所示的螺纹轴零件，材料为 45 钢，规格为 $\phi 30\mathrm{mm} \times 80\mathrm{mm}$。要求：分析零件的加工工艺、编制加工程序，并完成零件的加工。

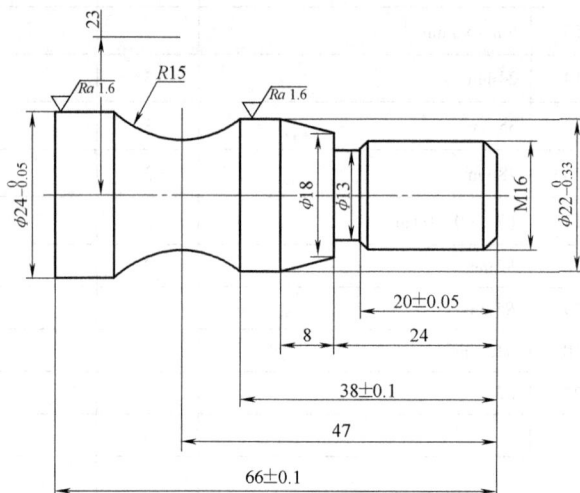

图 4-2　螺纹轴零件

项目五　螺纹轴零件的加工（3）

一、项目描述

本项目的待加工零件为螺纹轴，如图5-1所示。已知毛坯为 $\phi45\text{mm} \times 80\text{mm}$ 的棒料，材料为45钢。要求制订零件的加工工艺；编写数控加工程序；通过数控仿真加工调试，优化程序；最后进行零件的加工检测。

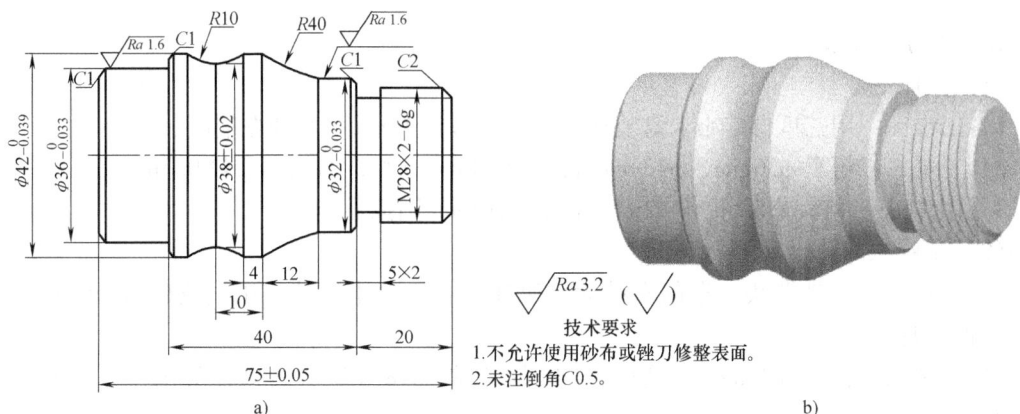

图 5-1　螺纹轴

a）零件图　b）实体图

二、项目教学目标

1. 掌握通过两次装夹加工螺纹轴零件的工艺方法的制订。
2. 会制定合理的加工路线。
3. 掌握修正零件尺寸精度的方法。

三、项目实施

任务一　制订零件的加工工艺

1. 分析零件图

如图5-1所示的零件由外圆柱面、外圆锥面、圆弧面、沟槽、三角形螺纹组成。该工件三处外圆 $\phi32\text{mm}$、$\phi36\text{mm}$、$\phi42\text{mm}$ 的尺寸精度要求较高，表面粗糙度值为 $Ra1.6\mu\text{m}$。同时为了保证螺纹及总长的尺寸精度，其尺寸公差应控制在要求范围内。

2. 确定装夹方案

为了保证尺寸公差的要求，此零件的加工需要经过两次装夹，分别采用三爪自定心卡盘和一夹一顶的装夹方式。采用设计基准作为定位基准，符合基准重合原则。

3. 选择刀具及切削用量

刀具及切削参数见表5-1。

表5-1 刀具及切削参数

序号	刀具号	刀具类型	加工表面	切削用量	
				主轴转速 $n/(\text{r/mm})$	进给速度 $F/(\text{mm/r})$
1	T0101	93°菱形外圆车刀	粗车外轮廓	600	0.25
2	T0202	93°菱形外圆车刀	精车外轮廓	1000	0.1
3	T0303	4mm 切槽刀	沟槽	350	0.1
4	T0404	60°外螺纹车刀	三角形螺纹	1000	2
编制		审核		批准	

4. 确定加工方案

（1）工序一

1）工步一：用三爪自定心卡盘装夹毛坯，伸出约45mm，车削左端面。

2）工步二：粗车 ϕ36mm、ϕ42mm 外圆，R10mm 圆弧，留精车余量0.5mm。

3）工步三：精车 ϕ36mm、ϕ42mm 外圆，R10mm 圆弧。

（2）工序二

1）工步一：工件调头，车削右端面，保证总长，钻中心孔。用铜皮包 ϕ36mm 外圆，一夹一顶装夹。

2）工步二：粗车 ϕ32mm 圆柱面、R40 圆弧和 M28×2 螺纹大径等尺寸，留精车余量0.5mm。

3）工步三：精车各外圆、圆弧至尺寸要求。

4）工步四：切退刀槽至尺寸要求。

5）工步五：车削螺纹 M28×2 至尺寸要求。

5. 填写工序卡

按加工顺序将各工步的加工内容、所用刀具编号、切削用量等加工信息填入数控加工工序卡，见表5-2、表5-3。

表5-2 数控加工工序卡（1）

数控加工工序卡(1)			产品名称		项目名称		项目序号
					螺纹轴零件的加工(3)		05
工序号	程序编号	夹具名称	夹具编号		使用设备		车间
001	O0051	三爪自定心卡盘			CAK6150DJ		数控实训中心
工步号	工步内容		切削用量			刀 具		量具名称	备注
			主轴转速 $n/(\text{r/mm})$	进给速度 $F/(\text{mm/r})$	背吃刀量 a_p/mm	编号	名称		
1	车削左端面		600	0.25	1~2	T0101	外圆车刀	游标卡尺	手动
2	粗车轮廓,留余量0.5mm		600	0.25	1~2	T0101	外圆车刀	外径千分尺	自动
3	精车轮廓		1000	0.1	0.25	T0202	外圆车刀	外径千分尺	自动
编制		审核		批准				共1页	第1页

表5-3　数控加工工序卡（2）

数控加工工序卡(2)			产品名称		项目名称	项目序号
					螺纹轴零件的加工(3)	05
工序号	程序编号	夹具名称	夹具编号		使用设备	车间
002	O0052	一夹一顶			CAK6150DJ	数控实训中心

工步号	工步内容	切削用量			刀　具		量具名称	备注
		主轴转速 $n/(r/mm)$	进给速度 $F/(mm/r)$	背吃刀量 a_p/mm	编号	名称		
1	车削右端面	600	0.25	1~2	T0101	外圆车刀	游标卡尺	手动
2	钻中心孔	800	—	—	—	中心钻	—	手动
3	粗车右端轮廓,留余量	600	0.25	1~2	T0101	外圆车刀	外径千分尺	自动
4	精车轮廓	1000	0.1	0.25	T0202	外圆车刀	外径千分尺	自动
5	切槽	350	0.1	2	T0303	切槽刀	游标卡尺	自动
6	加工螺纹	1000	2	—	T0404	螺纹车刀	螺纹千分尺	自动
编制		审核		批准			共1页	第1页

任务二　编写数控加工程序

根据各加工工步的进给路线编写零件的加工程序,数控加工程序单见表5-4、表5-5。

表5-4　数控加工程序单（1）

项目序号	05	项目名称	螺纹轴零件的加工(3)	编程原点	安装后工件右端面中心
程序号	O0051	数控系统	FANUC 0i Mate-TC	编制	

程 序 内 容	简 要 说 明
左侧:	
T0101;	换 T0101 刀到位
G00 X80 Z100;	快速定位到换刀点
M03 S600 ;	主轴正转,转速为600r/min
G00 X45 Z2;	快速定位到循环起始点
G73 U4 W0 R3;	用 G73 指令粗加工轮廓
G73 P10 Q20 U0.5 W0.1 F0.25;	设置 G73 加工参数
N10 X30;	
G01 X36 Z－1;	
Z－15;	
X40;	
X42 Z－16;	
Z－19;	精加工轮廓
G02 X42 Z－31 R10;	
G01 Z－36;	
N20 X45;	
G00 X80 Z100;	返回换刀点

（续）

项目序号	05	项目名称	螺纹轴零件的加工(3)	编程原点	安装后工件右端面中心
程序号	O0051	数控系统	FANUC 0i Mate-TC	编制	
程序内容			简要说明		
M05；			主轴停止		
M00；			程序暂停		
M03 S1000 T0202；			换T0202刀到位,设置主轴以1000r/min正转,进给量为0.1mm/r		
G00 X45 Z2；			快速定位到循环起始点		
G70 P10 Q20 F0.1；			用G70指令精加工轮廓		
G00 X80 Z100；			快速退刀,回换刀点		
M05；			主轴停止		
M30；			程序结束		

表5-5　数控加工程序单（2）

项目序号	05	项目名称	螺纹轴零件的加工(3)	编程原点	安装后右端面中心
程序号	O0052	数控系统	FANUC 0i Mate-TC	编制	
程序内容			简要说明		
右侧：					
T0101；			换T0101刀到位		
G00 X80 Z100；			快速定位到换刀点		
M03 S600 ；			主轴正转,转速为600r/min		
G00 X45 Z2；			快速定位到循环起始点		
G71 U2 R1；			用G71指令粗加工轮廓		
G71 P10 Q20 U0.5 W0.1 F0.25；			设置G71加工参数		
N10 G00 X19.85；					
G01 X27.85 Z-2；					
Z-20；					
X30；					
X32 Z-21；			精加工轮廓		
Z-28；					
G02 X42 Z-40 R40；					
N20 G01 X45；					
G00 X80 Z100；			返回换刀点		
M05；			主轴停止		
M00 ；			程序暂停		
M03 S1000 T0202；			换T0202刀到位,设置主轴以1000r/min正转,进给量为0.1mm/r		
G00 X45 Z2；			快速定位到循环起始点		
G70 P10 Q20 F0.1；			用G70指令精加工轮廓		
G00 X80 Z100；			快速退刀,回换刀点		
M05；			主轴停止		
M00；			程序暂停		

（续）

项目序号	05	项目名称	螺纹轴零件的加工(3)	编程原点	安装后右端面中心
程序号	O0052	数控系统	FANUC 0i Mate-TC	编制	

程 序 内 容	简 要 说 明
T0303；	选择 T0303 号刀
M03 S350 F0.1；	主轴正转,转速为 350r/min,进给量为 0.1mm/r
G00 X33 Z－20；	快速移动至起刀点
G01 X24.1；	切槽
G00 X33；	快速移动点定位
Z－19；	快速移动点定位
G01 X24；	切槽
Z－20；	车削槽底
G00 X33；	快速移动点定位
G00 X80 Z100；	快速移动到换刀点
M05；	主轴停止
M00；	程序暂停
T0404；	选择 T0404 号刀
M03 S1000；	主轴正转,转速为 1000r/min
G0 X30 Z2；	快速移动至起刀点
G92 X27.85 Z－17 F2；	螺纹切削循环,螺距为 2mm
X27.2；	
X26.6；	
X26.3；	
X26；	
X25.835；	
X25.835；	精车螺纹
G00 X80 Z100；	快速移动到换刀点
M05；	主轴停止
M30；	程序结束

任务三　数控仿真加工零件

数控仿真操作步骤如下：

1）打开仿真软件，开机。

2）选择面板，车床各轴回参考点。

3）选择及安装刀具，定义毛坯及设置零件。

4）对刀。

5）输入程序。

6）程序校验。

7）自动运行仿真加工。

8）测量工件，优化程序。

任务四 零件的加工检测

1. 加工准备

1）检查坯料尺寸。

2）开机，回参考点。

3）程序输入。

4）装夹工件。

5）装夹刀具。

2. 对刀设置

四把刀依次采用试切法对刀。把通过对刀操作得到的零点偏置分别输入各自的长度补偿中。其中，切槽刀以左刀尖为刀位点，螺纹车刀以刀尖为刀位点，对刀步骤同项目三。

3. 空运行及仿真

对输入的程序进行空运行或轨迹仿真，以检测程序是否正确。

4. 自动加工及尺寸控制

（1）零件的自动加工　选择自动加工模式，打开程序，调好进给倍率，按循环启动键进行加工。

（2）零件加工过程中的尺寸控制　通过修改刀具的磨损量来控制外圆、长度及螺纹的尺寸。

5. 检测零件与评分

在零件加工结束后进行检测，对工件进行误差与质量分析，将结果填入表5-6。

表 5-6　数控车床编程与操作考核表

班级			姓名		学号		日期	
项目名称			螺纹轴零件的加工（3）			项目序号	05	
基本检查		序号	检测项目		配分	学生自评	教师评分	
	编程	1	切削加工工艺制订正确		6			
		2	切削用量选用合理		6			
		3	程序正确、简单、明确且规范		6			
	操作	4	设备操作、维护保养正确		6			
		5	刀具选择、安装正确、规范		6			
		6	工件找正、安装正确、规范		6			
		7	安全文明生产		6			
工作态度		8	行为规范、纪律良好		6			
外圆		9	$\phi 32mm$		5			
		10	$\phi 36mm$		5			
		11	$\phi 38mm$		5			
		12	$\phi 42mm$		5			

（续）

项目名称		螺纹轴零件的加工(3)			项目序号	05
螺纹	序号	检测项目		配分	学生自评	教师评分
	13	M28×2		8		
长度	14	5mm×2mm		2		
	15	4mm		2		
	16	10mm		2		
	17	12mm		2		
	18	20mm		2		
	19	40mm		2		
	20	(75 ± 0.05)mm		3		
圆弧	21	R10mm		2		
	22	R40mm		2		
倒角	23	C2、C1（两处）		2		
其他				3		
综合得分				100		

四、项目总结

此项目需要进行两头加工，事先应考虑好周全的加工工艺，特别是第二次装夹的位置要选择恰当。二次装夹时应避免夹伤已加工表面，一般可采用铜皮包裹。工件在使用顶尖装夹时，应使顶尖顶紧力适当，在切削过程中，要随时注意顶尖的松紧程度，及时检查调整。

思考与练习

1. 钻中心孔时，中心钻折断的原因有哪些？

2. 切削液具有哪些作用？

3. 车削外圆时，表面粗糙度值达不到要求是由哪些原因造成的？怎样改善？

自 测 题

一、填空题

1. 刀位点是指刀具的____。例如，车刀的刀位点是刀尖或刀尖圆弧的中心点。

2. 数控车削中的切削用量是指____、____、和____。

3. 常用切削液分____和____两大类。

4. G90 指令中 U、W 的符号由起始运动轨迹决定，沿正方向移动为____，否则为____。

5. G73 指令与 G71 指令的功能相同，只是刀具的路径按照工件____进行循环。

二、判断题

1. 辅助性工艺指令在程序中是可有可无的。　　　　　　　　　　　（　　）

2. 对刀点与换刀点是同一概念。　　　　　　　　　　　　　　　　（　　）

3. 车刀出现卷刃和崩刀属于正常磨损。　　　　　　　　　　　　　（　　）

4. 如果在 FANUC-0T 系统 G71 指令中的 "n_s"~"n_f" 程序段编写了非单调变化的轮廓，则在 G71 指令执行过程中会发生程序报警。　　　　　　　　　　　　　　　　　　　　　　　　（　　）

5. 车削螺纹期间的进给速度倍率、主轴速度倍率有效。 （　　）

三、项目训练

加工如图 5-2 所示的综合零件，材料为 45 钢，规格为 $\phi50mm \times 100mm$。要求：分析零件的加工工艺、编制加工程序，并完成零件的加工。

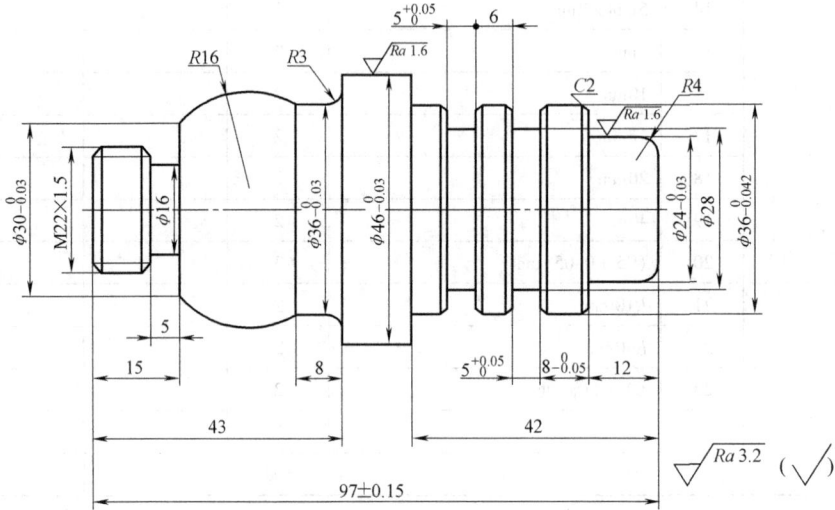

图 5-2　综合零件

项目六 带孔螺纹轴零件的加工

一、项目描述

在前面的项目中，我们学习了各种外轮廓的加工方法。在数控车床中级职业技能鉴定中，经常会遇到各种各样的孔。通过钻、铰、镗、扩等方法可以加工出不同精度的孔，其加工方法简单，加工精度也比用卧式车床车削高。孔加工是数控车床上常见的加工项目。

本项目的待加工零件为带孔螺纹轴，如图 6-1 所示。已知毛坯为 $\phi45\,mm \times 65\,mm$ 的棒料，材料为 45 钢。要求制订零件的加工工艺；编写数控加工程序；通过数控仿真加工调试，优化程序；最后进行零件的加工检测。

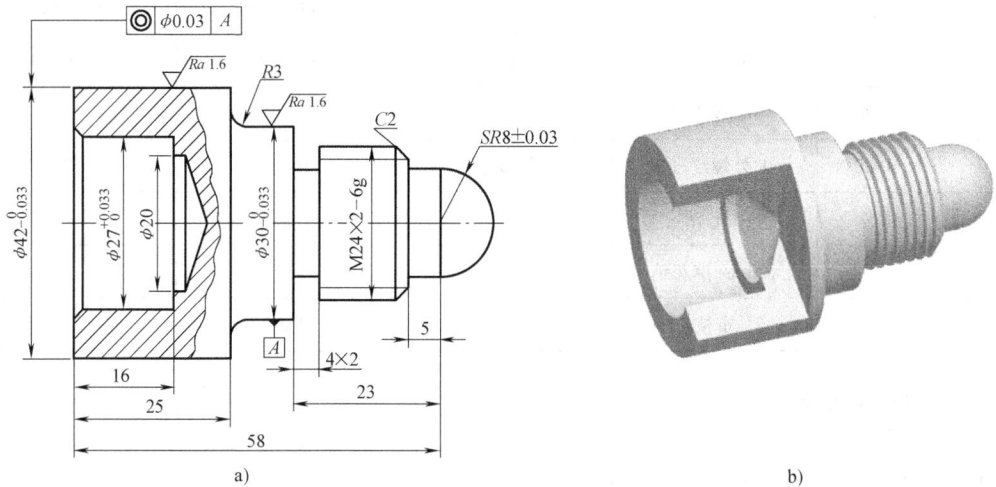

图 6-1 带孔螺纹轴
a）零件图 b）实体图

二、项目教学目标

1. 掌握带孔类螺纹轴零件加工工艺的制订方法。
2. 掌握车削内孔的方法。
3. 掌握镗孔加工的方法。

三、项目实施

任务一 制订零件的加工工艺

1. 分析零件图

如图 6-1 所示的零件由外圆柱面、圆弧面、球面、沟槽、三角形螺纹和内孔组成。其中，外圆 $\phi30\text{mm}$、$\phi42\text{mm}$、孔 $\phi27\text{mm}$ 和球面 $SR8\text{mm}$ 有严格的尺寸精度和表面粗糙度要求；$\phi30\text{mm}$ 外圆轴线对 $\phi42\text{mm}$ 外圆轴线有同轴度要求；螺纹也有尺寸精度要求。零件的材料为 45 钢，无热处理和硬度要求。

2. 确定装夹方案

此零件需要经过两次装夹才能完成全部的加工内容。第一次采用三爪自定心卡盘装夹，装夹右端，车削左端面，完成 $\phi27\text{mm}$ 和 $\phi42\text{mm}$ 外圆；第二次以精车后的 $\phi42\text{mm}$ 外圆为定位基准，采用铜皮包裹、三爪自定心卡盘夹持的方式完成右端外形的加工。

3. 选择刀具及切削用量

刀具及切削参数见表 6-1。

表 6-1　刀具及切削参数

序号	刀具号	刀具类型	加工表面	切削用量	
				主轴转速 $n/(\text{r/mm})$	进给速度 $F/(\text{mm/r})$
1	T0101	93°菱形外圆车刀	外圆表面、端面	600、1000	0.25、0.1
2	T0202	75°镗孔刀	孔	600、1000	0.25、0.1
3	T0303	4mm 切槽刀	沟槽、切断	350	0.1
4	T0404	60°外螺纹车刀	三角形螺纹	1000	2
5	—	中心钻	—	800	
6	—	$\phi20\text{mm}$ 麻花钻	—	350	
编制		审核		批准	

4. 确定加工方案

（1）工序一

1）工步一：车削左端面，钻中心孔。

2）工步二：钻 $\phi20\text{mm}$ 毛坯孔。

3）工步三：粗、精镗 $\phi27\text{mm}$ 内孔。

4）工步四：粗、精车 $\phi42\text{mm}$ 外圆柱面。

（2）工序二

1）工步一：工件调头，车削右端面，保证总长。用铜皮包 $\phi42\text{mm}$ 外圆，用三爪自定心卡盘装夹。

2）工步二：粗车 $\phi30\text{mm}$ 圆柱面，$R3\text{mm}$、$SR8\text{mm}$ 圆弧及 $M24\times2$ 螺纹大径等尺寸，留精车余量 0.5mm。

3）工步三：精车各外圆、圆弧至尺寸要求。

4）工步四：切退刀槽至尺寸要求。

5）工步五：车削螺纹 $M24\times2$ 至尺寸要求。

5. 填写工序卡

按加工顺序将各工步的加工内容、所用刀具编号、切削用量等加工信息填入数控加工工序卡，见表 6-2、表 6-3。

表6-2　数控加工工序卡（1）

数控加工工序卡(1)			产品名称		项目名称		项目序号
					带孔螺纹零件的加工		06
工序号	程序编号	夹具名称	夹具编号		使用设备		车间
001	O0061	三爪自定心卡盘			CAK6150DJ		数控实训中心
工步号	工步内容		切削用量			刀具		量具名称	备注
		主轴转速 $n/(r/min)$	进给速度 $F/(mm/r)$	背吃刀量 a_p/mm	编号	名称		
1	车削左端面	600	0.25	1~2	T0101	外圆车刀	游标卡尺	手动
2	钻中心孔	800	—	—	—	中心钻		手动
3	钻φ20毛坯孔	350	—	—	—	φ18mm麻花钻		手动
4	粗镗φ27孔	600	0.25	1.5	T0202	75°镗孔刀	内径量表	自动
5	精镗φ27孔	1000	0.1	0.25	T0202	75°镗孔刀	内径量表	自动
6	粗车φ42外圆,留余量	600	0.25	1~2	T0101	外圆车刀	外径千分尺	自动
7	精车φ42外圆	1000	0.1	0.25	T0101	外圆车刀	外径千分尺	自动
编制		审核		批准			共1页	第1页

表6-3　数控加工工序卡（2）

数控加工工序卡(2)			产品名称		项目名称		项目序号
					带孔螺纹零件的加工		06
工序号	程序编号	夹具名称	夹具编号		使用设备		车间
002	O0062	三爪自定心卡盘			CAK6150DJ		数控实训中心
工步号	工步内容		切削用量			刀具		量具名称	备注
		主轴转速 $n/(r/min)$	进给速度 $F/(mm/r)$	背吃刀量 a_p/mm	编号	名称		
1	车削右端面	600	0.25	1~2	T0101	外圆车刀	游标卡尺	手动
2	粗车右边轮廓,留余量	600	0.25	1~2	T0101	外圆车刀	外径千分尺	自动
3	精车轮廓	1000	0.1	0.25	T0101	外圆车刀	外径千分尺	自动
4	切槽	350	0.1	2	T0303	切槽刀	游标卡尺	自动
5	加工螺纹	1000	2	—	T0404	螺纹车刀	螺纹千分尺	自动
编制		审核		批准			共1页	第1页

任务二　编写数控加工程序

根据各加工工步的进给路线编写零件的加工程序，数控加工程序单见表6-4、表6-5。

表 6-4　数控加工程序单（1）

项目序号	06	项目名称	带孔螺纹轴零件的加工	编程原点	安装后右端面中心
程序号	O0061	数控系统	FANUC 0i Mate-TC	编制	

程序内容	简 要 说 明
左侧	
T0202；	换 T0202 镗孔刀到位
G00　X80　Z100；	快速定位到换刀点
M03　S600；	主轴正转,转速为 600r/min
G00　X18　Z2；	快速定位到循环起始点
G71　U2　R1；	调用 G71 循环粗镗孔
G71　P10　Q20　U－0.5　W0.1　F0.25；	设置 G71 加工参数
N10　G00　X33；	
G01　X27　Z-1；	
Z-16；	精加工轮廓
N20　X18；	
G70　P10　Q20　F0.1；	调用 G70 循环精镗孔
G00　X18　Z200；	返回换刀点
M05；	主轴停止
M00；	程序暂停
T0101；	换 T0101 外圆车刀
M03　S600；	设置主轴转速为 600r/min
G00　X45　Z2；	快速定位到循环起始点
G71　U2　R1；	调用 G71 循环粗车外圆
G71　P30　Q40　U0.5　W0.1　F0.25；	设置 G71 加工参数
N30　X42	
；G01　Z-30	精加工轮廓
；N40　X45；	
G00　X80　Z100；	返回换刀点
M05；	主轴停止
M00；	程序暂停
M03　S1000；	主轴正转,转速为 1000r/min
G00　X45　Z2；	快速定位到循环起始点
G70　P30　Q40　F0.1；	用 G70 精加工外轮廓
G00　X80　Z100；	回换刀点
M05；	主轴停止
M30；	程序结束

表 6-5　数控加工程序单（2）

项目序号	06	项目名称	带孔螺纹轴零件的加工	编程原点	安装后右端面中心
程序号	O0062	数控系统	FANUC 0i Mate-TC	编制	

程序内容	简 要 说 明
T0101；	换 T0101 外圆车刀
G00　X80　Z100；	快速定位到换刀点
M03　S600；	主轴正转,转速为 600r/min
G00　X45　Z2；	快速定位到循环起始点
G71　U2　R1；	调用 G71 循环加工外轮廓
G71　P10　Q20　U0.5　W0.1　F0.25；	设置 G71 加工参数

（续）

项目序号	06	项目名称	带孔螺纹轴零件的加工	编程原点	安装后右端面中心
程序号	O0062	数控系统	FANUC 0i Mate-TC	编制	

程序内容	简要说明
N10　X0;	精加工轮廓
G01　Z0;	
G03　X18　Z－8　R8;	
G01　Z－13;	
X19.85;	
X23.85　Z－15;	
Z－31;	
X30;	
Z－30;	
G02　X36　Z－33　R3;	
N20　G01　X45;	
G00　X80　Z100;	快速退刀,回换刀点
M05;	主轴停止
M00;	程序暂停
M03　S1000;	主轴正转,转速为1000r/min
G00　X45　Z2;	快速定位到循环起始点
G70　P10　Q20　F0.1;	用G70指令精加工外轮廓
G00　X80　Z100;	回换刀点
M05;	主轴停止
M00;	程序暂停
T0303;	换T0303切槽刀
M03　S350;	主轴正转,转速为350r/min
G00　X32　Z-31;	快速移动到起刀点
G01　X20.1;	切削加工
G00　X32;	快速移动点定位
G00　X80　Z100;	回换刀点
M05;	主轴停止
M00;	程序暂停
T0404;	换T0404号螺纹车刀
M03　S1000;	主轴正转,转速为1000r/min
G00　X30　Z-10;	快速移动到起刀点
G92　X27.85　Z-29　F2;	车削螺纹,螺距为2mm
X27.2;	
X26.2;	
X26.3;	
X26;	
X25.835;	
X25.835;	精车螺纹
G00　X80　Z100;	快速移动到换刀点
M05;	主轴停止
M30;	程序结束

任务三　数控仿真加工零件

数控仿真操作步骤如下:

1）打开仿真软件，开机。

2）选择面板，车床各轴回参考点。

3）选择及安装刀具，定义毛坯及设置零件。

4）对刀。

5）输入程序。

6）程序校验。

7）自动运行仿真加工。

8）测量工件，优化程序。

任务四　零件的加工检测

1. 加工准备

1）检查坯料尺寸。

2）开机，回参考点。

3）输入程序。

4）装夹工件。

5）装夹刀具。

2. 对刀设置

四把刀依次采用试切法对刀。把通过对刀操作得到的零点偏置分别输入各自的长度补偿中。其中，切槽刀以左刀尖为刀位点，螺纹车刀以刀尖为刀位点，对刀步骤同项目三。

3. 空运行及仿真

对输入的程序进行空运行或轨迹仿真，以检测程序是否正确。

4. 自动加工及尺寸控制

（1）零件的自动加工　选择自动加工模式，打开程序，调好进给倍率，按循环启动键进行加工。

（2）零件加工过程中的尺寸控制　通过修改刀具的磨损量来控制外圆长度和螺纹的尺寸。

5. 检测零件与评分

在零件加工结束后进行检测，对工件进行误差与质量分析，将结果填入表6-6。

表6-6　数控车床编程与操作考核表

班级			姓名		学号			日期	
项目名称			带孔螺纹轴零件的加工				项目序号		06
基本检查	编程	序号	检测项目			配分	学生自评		教师评分
		1	切削加工工艺制订正确			6			
		2	切削用量选用合理			6			
		3	程序正确、简单、明确且规范			6			
	操作	4	设备操作、维护保养正确			6			
		5	刀具选择、安装正确、规范			6			
		6	工件找正、安装正确、规范			6			
		7	安全文明生产			6			

（续）

项目名称		带孔螺纹轴零件的加工		项目序号	06
	序号	检测项目	配分	学生自评	教师评分
工作态度	8	行为规范、纪律良好	6		
外圆	9	$\phi30$mm	6		
	10	$\phi42$mm	6		
内孔	11	$\phi27$mm	6		
螺纹	12	M24×2	8		
长度	13	4mm×2mm	2		
	14	5mm	2		
	15	16mm	3		
	16	23mm	2		
	17	25mm	2		
	18	58mm	2		
圆弧	19	R3mm、SR8mm	5		
倒角	20	C1、C2	3		
几何公差	21	同轴度	2		
其他			3		
综合得分			100		

四、项目总结

在车床上对工件上的孔进行车削的方法称为镗孔（又叫车孔），镗孔既可以作为粗加工，也可以作为精加工。镗孔分为镗通孔和镗不通孔。镗通孔基本上与车削外圆相同，只是进刀和退刀的方向相反。粗镗和精镗内孔时，也要进行试切和试测，其方法与车削外圆相同。

车削内孔时的质量分析有以下两点。

（1）尺寸精度达不到要求　孔径大于或小于要求尺寸。其原因是镗孔刀调试的不对，刀尖不锋利，孔偏斜、跳动，测量不及时。

（2）几何精度达不到要求

1）内孔呈多边形，内壁厚薄不均匀。

2）内孔有锥度。其原因是主轴中心线与导轨不平行，车床的导向套可能大了。

3）表面粗糙度值达不到要求。其原因是切削刃不锋利，角度不正确，切削用量选择不当，切削液不充分。

思考与练习

1. 对刀具材料的基本要求是什么？常用的刀具材料有哪些？
2. 简述数控车削加工工艺的内容。

自　测　题

一、选择题

1. FANUC 系统车削复合循环指令"G73 U(Δi) W(Δk) R(d)；G73 P(m) Q(n_f) U(Δu) W(Δw) F ＿ S ＿ T ＿；"中的 d 是指（　　）

A. X 方向的退刀量　　　　　　　B. Z 方向的退刀量

C. X 和 Z 两个方向的退刀量　　　D. 粗车重复加工次数

2. 在程序"G32 X(U)＿Z(W)＿F＿;"中，F 表示（　　　）。

A. 主轴转速　　　　　B. 进给速度　　　　C. 螺纹螺距　　　　D. 背吃刀量

3. 总结合理的加工方法和工艺内容，规定产品或零部件制造工艺过程和操作方法等的工艺文件称为（　　　）。

A. 工艺规程　　　　B. 加工工艺卡　　　　C. 加工工序卡　　　　D. 工艺路线

4. 现代数控车床的进给工作电动机一般都采用（　　　）电动机。

A. 异步　　　　　　B. 伺服　　　　　　C. 步进

5. 车削长轴时，出现双曲线误差的原因是（　　　）。

A. 车刀刀尖不规则　　B. 车床滑板有间隙　　C. 车刀没有对准工件

二、判断题

1. 在同一加工程序中，允许绝对值方式和增量方式组合运用。　　　　　　　　　（　　）

2. 某一零件的实际偏差越大，其加工误差也越大。　　　　　　　　　　　　　　（　　）

3. 螺纹加工中的进给次数和背吃刀量会直接影响螺纹的加工质量。　　　　　　　（　　）

4. 用 G73 指令循环加工的轮廓形状没有单调递增或单调递减形式的限制。　　　　（　　）

5. G 指令是使控制器和车床按工艺要求顺序动作的编程代码，M 指令是使控制器进行辅助加工的编程代码。　　　　　　　　　　　　　　　　　　　　　　　　　　　　　　　　（　　）

三、项目训练

加工如图 6-2 所示的综合零件，材料为 45 钢，规格为 $\phi45\text{mm} \times 75\text{mm}$。要求：分析零件的加工工艺、编制加工程序，并完成零件的加工。

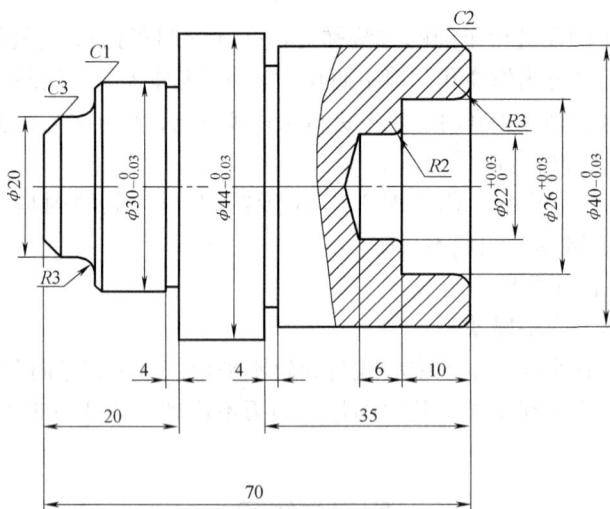

图 6-2　综合零件

项目七 梯形槽螺纹轴的加工

一、项目描述

本项目的待加工零件为梯形槽螺纹轴，如图 7-1 所示。已知毛坯为 $\phi45\text{mm} \times 90\text{mm}$ 的棒料，材料为 45 钢。要求制订零件的加工工艺；编写数控加工程序；通过数控仿真加工调试，优化程序；最后进行零件的加工检测。

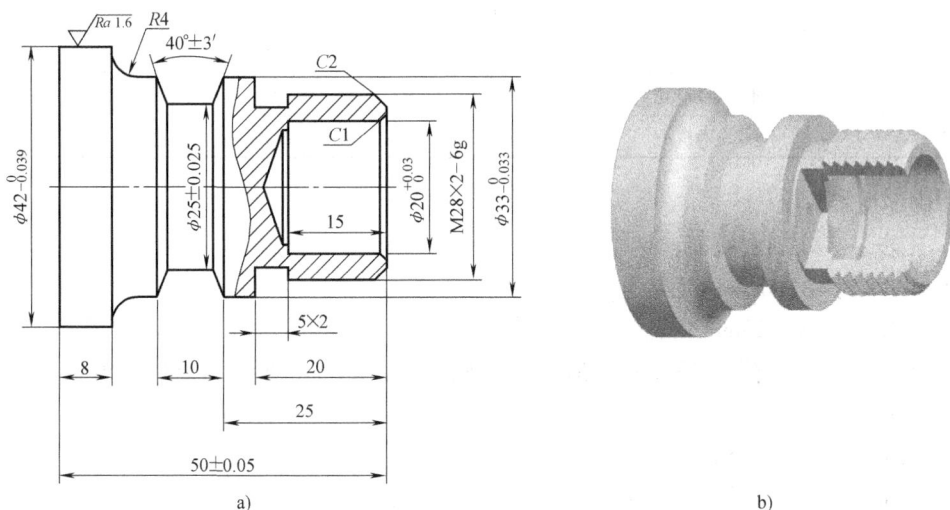

图 7-1　梯形槽螺纹轴

a) 零件图　b) 实体图

二、项目教学目标

1. 巩固内孔车削的加工工艺。
2. 能根据零件图确定切槽程序的编制方法。
3. 能使用合理的加工方法保证槽的精度。

三、项目实施

任务一　制订零件的加工工艺

1. 分析零件图

如图 7-1 所示的零件由外圆柱面、圆弧面、梯形沟槽、三角形螺纹和内孔组成。其中，三处外圆 $\phi25\text{mm}$、$\phi33\text{mm}$、$\phi42\text{mm}$ 和孔 $\phi20\text{mm}$ 有严格的尺寸精度和表面粗糙度要求；螺纹及总长也有尺寸精度要求。零件材料为 45 钢，无热处理和硬度要求。

2. 确定装夹方案

此零件的外形规整，加工基准可选择外圆柱面，采用三爪自定心卡盘装夹。

3. 选择刀具及切削用量

刀具及切削参数见表7-1。

表7-1 刀具及切削参数

序号	刀具号	刀具类型	加工表面	切削用量	
				主轴转速 $n/(\text{r/mm})$	进给速度 $F/(\text{mm/r})$
1	T0101	93°菱形外圆车刀	外圆表面、端面	600、1000	0.25、0.1
2	T0202	75°镗孔刀	孔	800	0.1
3	T0303	4mm 切槽刀	沟槽、切断	350	0.1
4	T0404	60°外螺纹车刀	三角形螺纹	1000	2
5	—	中心钻	—	800	—
6	—	ϕ18mm 麻花钻	—	350	—
编制		审核		批准	

4. 确定加工方案

1）工步一：车削右端面，钻中心孔。

2）工步二：钻 ϕ18mm 毛坯孔。

3）工步三：镗 ϕ20mm 内孔。

4）工步四：粗、精车 ϕ33mm、ϕ42mm 外圆柱面，R4mm 圆弧，M28×2 螺纹大径。

5）工步五：切退刀槽。

6）工步六：切梯形槽。

7）工步七：加工螺纹。

8）工步八：切断。

5. 填写工序卡

按加工顺序将各工步的加工内容、所用刀具编号、切削用量等加工信息填入数控加工工序卡，见表7-2。

表7-2 数控加工工序卡

数控加工工序卡			产品名称	项目名称		项目序号
				梯形槽螺纹轴的加工		07
工序号	程序编号	夹具名称	夹具编号	使用设备		车间
001	O0071	三爪自定心卡盘		CAK6150DJ		数控实训中心
工步号	工步内容		切削用量			刀具		量具名称	备注
		主轴转速 $n/(\text{r/mm})$	进给速度 $F/(\text{mm/r})$	背吃刀量 a_p/mm	编号	名称		
1	车削右端面	600			T0101	外圆车刀	游标卡尺	手动
2	钻中心孔	800				中心钻		手动
3	钻 ϕ18mm 毛坯孔	350				ϕ18mm 麻花钻		手动
4	镗 ϕ20mm 内孔	800	0.1	0.25	T0202	75°镗孔刀	内径量表	自动

（续）

工序号	程序编号	夹具名称	夹具编号	使用设备	车间
001	O0071	三爪自定心卡盘		CAK6150DJ	数控实训中心

工步号	工步内容	切削用量			刀具		量具名称	备注
		主轴转速 $n/(r/mm)$	进给速度 $F/(mm/r)$	背吃刀量 $a_p/(mm)$	编号	名称		
5	粗车轮廓,留余量	600	0.25	1~2	T0101	外圆车刀	外径千分尺	自动
6	精车轮廓	1000	0.1	0.25	T0101	外圆车刀	外径千分尺	自动
7	切槽	350	0.1	2	T0303	切槽刀	游标卡尺	自动
8	加工螺纹	1000	2		T0404	螺纹车刀	螺纹千分尺	自动
编制		审核		批准			共1页	第1页

任务二　编写数控加工程序

根据各加工工步的进给路线编写零件的加工程序，数据加工程序单见表7-3。

表 7-3　数控加工程序单

项目序号	07	项目名称	梯形槽螺纹轴的加工	编程原点	安装后端面中心
程序号	O0071	数控系统	FANUC 0i Mate-TC	编制	
程序内容			简要说明		
T0202；			换 T0202 镗孔刀到位		
G00　X26　Z2；			快速定位到起始点		
M03　S800；			主轴正转，转速为800r/min		
G01　X20　Z-1　F0.1；			⎫		
Z-15；			⎬ 镗孔		
X18；			⎭		
G00　Z5；			快速退刀		
G00　X80　Z100；			回换刀点		
M05；			主轴停止		
M00；			程序暂停		
T0101；			换 T0101 外圆车刀		
M03　S600；			主轴正转，转速为600r/min		
G00　X45　Z2；			快速定位到循环起始点		
G71　U2　R1；			调用 G71 循环加工外轮廓		
G71　P10　Q20　U0.5　W0.1　F0.25；			设置 G71 加工参数		
N10　G00　X19.85；			⎫		
G01　X27.85　Z-2；			⎪		
Z-20；			⎪		
X33；			⎪		
Z-38；			⎬ 精加工轮廓		
G02　X41　Z-39　R4；			⎪		
G01　X42；			⎪		
Z-50；			⎪		
N20　X45；			⎭		
G00　X80　Z100；			返回换刀点		
M05；			主轴停止		
M00；			程序暂停		
M03　S1000；			主轴正转，转速为1000r/min		
G00　X45　Z2；			快速定位到循环起始点		

（续）

项目序号	07	项目名称	梯形槽螺纹轴的加工	编程原点	安装后右端面中心
程序号	O0071	数控系统	FANUC 0i Mate-TC	编制	

程序内容	简要说明
G70 P10 Q20 F0.1;	用 G70 精加工外轮廓
G00 X80 Z100;	回换刀点
M05;	主轴停止
M00;	程序暂停
T0303;	换 T0303 切槽刀
M03 S350 F0.1;	主轴正转,转速为 350r/min,进给量为 0.1mm/r
G00 X35 Z-20;	加工退刀槽
G01 X24;	
G00 X35;	
G00 Z-19;	
G01 X24;	
Z-20;	
G00 X35;	
Z-33.544;	
G01 X25;	加工梯形槽
G00 X35;	
G00 X35 Z-30.456;	
G01 X25;	
G00 X35;	
G00 Z-35;	
G01 X33;	
G01 X25 Z-33.544;	
G00 X35;	
G00 Z-39;	
G01 X33;	
G01 X25 Z-30.456;	
G00 X35;	
G00 X80 Z100;	回换刀点
M05;	主轴停止
M00;	程序暂停
T0404;	换 T0404 螺纹刀
M03 S1000;	主轴正转,转速为 1000r/min
G00 X28 Z5;	快速移动至起刀点
G92 X27.85 Z-16 F2;	车削螺纹,螺距为 2mm
X27.4;	
X27;	
X26.6;	
X26.3;	
X26;	
X25.835;	
X25.835;	精车螺纹
G00X80 Z100;	返回换刀点
M05;	主轴停止
M30;	程序结束

任务三 数控仿真加工零件

数控仿真操作步骤如下：

1）打开仿真软件，开机。

2）选择面板，车床各轴回参考点。

3）选择及安装刀具，定义毛坯及设置零件。

4）对刀。

5）输入程序。

6）程序校验。

7）自动运行仿真加工。

8）测量工件，优化程序。

任务四 零件的加工检测

1. 加工准备

1）检查坯料尺寸。

2）开机，回参考点。

3）输入程序。

4）装夹工件。

5）装夹刀具。

2. 对刀设置

四把刀依次采用试切法对刀。把通过对刀操作得到的零点偏置分别输入各自的长度补偿中。其中，切槽刀以左刀尖为刀位点，螺纹车刀以刀尖为刀位点，对刀步骤同项目三。

3. 空运行及仿真

对输入的程序进行空运行或轨迹仿真，以检测程序是否正确。

4. 自动加工及尺寸控制

（1）零件的自动加工 选择自动加工模式，打开程序，调好进给倍率，按循环启动键进行加工。

（2）零件加工过程中的尺寸控制 通过修改刀具的磨损量来控制外圆、长度和螺纹的尺寸。

5. 检测零件与评分

在零件加工结束后进行检测，对工件进行误差与质量分析，将结果填入表7-4。

表 7-4 数控车床编程与操作考核表

班级			姓名		学号		日期	
项目名称			梯形槽螺纹轴的加工			项目序号		07
基本检查	编程	序号	检测项目		配分	学生自评		教师评分
		1	切削加工工艺制定正确		6			
		2	切削用量选用合理		6			
		3	程序正确、简单、明确且规范		6			

（续）

班级			姓名		学号			日期	
项目名称			梯形槽螺纹轴的加工			项目序号		07	
基本检查	操作	序号	检测项目	配分	学生自评		教师评分		
		4	设备操作、维护保养正确	6					
		5	刀具选择、安装正确、规范	6					
		6	工件找正、安装正确、规范	6					
		7	安全文明生产	6					
工作态度		8	行为规范、纪律良好	6					
外圆		9	$\phi25$mm	5					
		10	$\phi33$mm	5					
		11	$\phi42$mm	5					
内孔		12	$\phi20$mm	5					
螺纹		13	$\phi28\times2$	8					
长度		14	5mm×2mm	2					
		15	8mm	2					
		16	10mm	2					
		17	15mm	2					
		18	20mm	2					
		19	25mm	2					
		20	(50 ± 0.05)mm	3					
圆弧		21	$R4$mm	3					
倒角		22	$C1$、$C2$	3					
其他				3					
综合得分				100					

四、项目总结

切槽加工是数控车床中级职业技能鉴定的重要知识点，在训练中应加以重视。车削精度不高且宽度较窄的矩形槽时，可用刀宽等于槽宽的车槽刀，采用直进法一次进给车出。对于精度要求较高的沟槽，一般采用两次进给车成，即第一次进给时，槽壁两侧留精车余量；第二次进给时，用等宽刀修整。车削较宽的沟槽时，可以采用多次直进法切削，并在槽壁及底面留精加工余量，最后一刀精车至尺寸。

较小的梯形槽一般用成形刀具车削完成。对于较大的梯形槽，通常先车削直槽，然后采用直进法或左右切削法加工梯形槽。

思考与练习

1. 简述槽的作用与种类。
2. 什么是对刀点？确定对刀点时应考虑哪些因素？
3. 车削外圆时，造成工件表面产生椭圆缺陷的原因有哪些？

自测题

一、选择题

1. 对于 G71 指令中的精加工余量，当使用硬质合金刀具加工 45 钢材料的内孔时，通常取（　　）mm

较为合适。

    A. 0. 5   B. −0. 5   C. 0. 05   D. −0. 05

    2. G73 指令中的 R 是指 (   )。

    A. X 向退刀量   B. Z 向退刀量   C. 总退刀量   D. 分层切削次数

    3. 麻花钻的圆锥角为 (   )。

    A. 115°   B. 118°   C. 150°

    4. 有一工件标注为 $\phi10cd7$，其中 cd7 表示 (   ) 公差代号。

    A. 轴   B. 孔   C. 配合

    5. 车削端面时，如果刀尖中心低于工件中心，易产生 (   ) 的缺陷。

    A. 表面粗糙度值太高   B. 端面出现凹面   C. 中心处有凸面

二、判断题

    1. 在某些情况下，螺纹车刀的刀尖可适当高于零件的中心。   (   )

    2. 在蜗轮蜗杆传动中，通常蜗轮是主动件。   (   )

    3. $\phi(25 \pm 0.12)$ mm 工件的公差为 0. 10mm。   (   )

    4. 静电对数控车床是有害的。   (   )

    5. 螺纹传动不但传动平稳，而且能传递较大的动力。   (   )

三、项目训练

    加工如图 7-2 所示的综合零件，材料为 45 钢，规格为 $\phi40mm \times 120mm$。要求：分析零件的加工工艺、编制加工程序，并完成零件的加工。

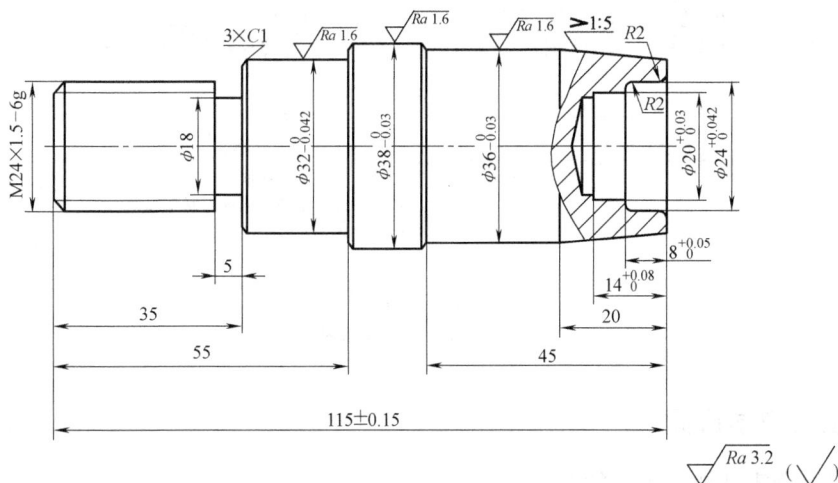

图 7-2 综合零件

项目八　综合零件的加工（1）

一、项目描述

本项目的待加工零件为综合零件，如图 8-1 所示。已知毛坯为 $\phi45mm \times 90mm$ 的棒料，材料为 45 钢。要求制订零件的加工工艺；编写数控加工程序；通过数控仿真加工调试，优化程序；最后进行零件的加工检测。

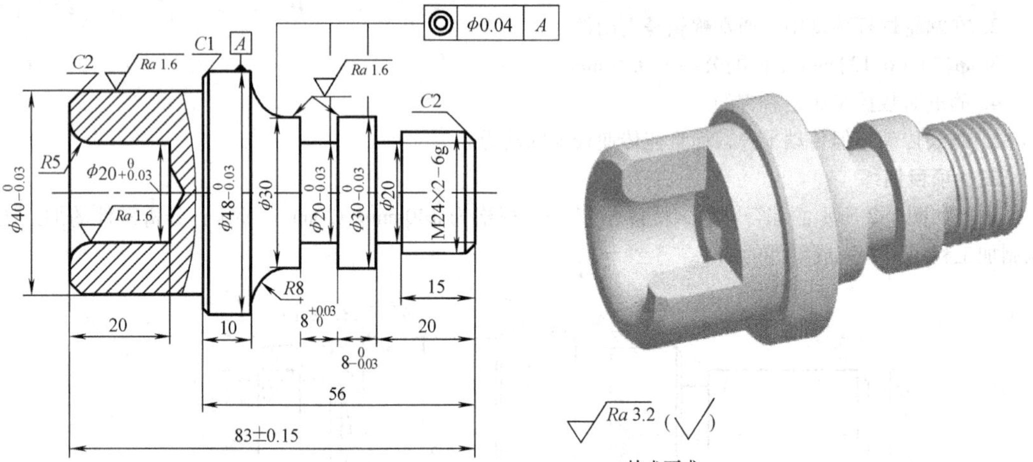

图 8-1　综合零件

a）零件图　b）实体图

技术要求
1. 不允许使用砂布或锉刀修整表面。
2. 未注倒角C0.5。

二、项目教学目标

1. 掌握综合零件加工工艺的制订方法。
2. 会运用各指令编写数控加工程序。
3. 会合理选择刀具及切削用量。

三、项目实施

任务一　制订零件的加工工艺

1. 分析零件图

如图 8-1 所示的零件结构形状比较复杂，零件尺寸精度和几何精度的要求也较高。该零件重要的径向加工部位为 $\phi20mm$ 外圆、$\phi30mm$ 外圆、$\phi40mm$ 外圆、$\phi48mm$ 外圆和 $\phi20mm$ 内孔，轴向加工部位为槽的轴向长度 8mm，总长 83mm。该零件的材料为 45 钢，无热处理和硬度要求。

2. 确定装夹方案

此零件需要经过两次装夹才能完成全部加工内容。第一次采用三爪自定心卡盘装夹右端，车削左端面，完成内孔、$\phi40mm$ 及 $\phi48mm$ 外圆的加工；第二次以精车后的 $\phi40mm$ 外圆为定位基准，采用铜皮包裹、一夹一顶的方式装夹，完成右端外形的加工。

3. 选择刀具及切削用量

刀具及切削参数见表 8-1。

表 8-1　刀具及切削参数

序号	刀具号	刀具类型	加工表面	切削用量	
				主轴转速 $n/(r/mm)$	进给速度 $F/(mm/r)$
1	T0101	93°菱形外圆车刀	外圆表面、端面	600、1000	0.25、0.1
2	T0202	75°镗孔刀	孔	600、1000	0.25、0.1
3	T0303	4mm 切槽刀	沟槽、切断	350	0.1
4	T0404	60°外螺纹刀	三角形螺纹	1000	2
5	—	中心钻	—	800	—
6	—	$\phi18mm$ 麻花钻	—	350	—
编制		审核		批准	

4. 确定加工方案

（1）工序一

1）工步一：车削左端面，钻中心孔。

2）工步二：钻 $\phi18mm$ 毛坯孔。

3）工步三：镗 $\phi20mm$ 内孔。

4）工步四：粗、精车 $\phi40mm$、$\phi48mm$ 外圆柱面。

（2）工序二

1）工步一：工件调头，车削右端面，保证总长，钻中心孔。用铜皮包 $\phi40mm$ 外圆，采用一夹一顶的方式装夹。

2）工步二：粗车 $\phi30mm$ 圆柱面、$R8mm$ 圆弧面，以及 M24×2 螺纹大径等尺寸，留精车余量 0.5mm。

3）工步三：精车各外圆、圆弧至尺寸要求。

4）工步四：切两处槽至尺寸要求。

5）工步五：车削螺纹 M24×2 至尺寸要求。

5. 填写工序卡

按加工顺序将各工步的加工内容、所用刀具编号、切削用量等加工信息填入数控加工工序卡，见表 8-2、表 8-3。

表 8-2 数控加工工序卡（1）

数控加工工序卡(1)			产品名称		项目名称		项目序号
					综合零件的加工(1)		08
工序号	程序编号	夹具名称	夹具编号		使用设备		车间
001	O0081	三爪自定心卡盘			CAK6150DJ		数控实训中心
工步号	工步内容		切削用量			刀具		量具名称	备注
		主轴转速 n/(r/mm)	进给速度 F/(mm/r)	背吃刀量 a_p/mm	编号	名称		
1	车削左端面	600	0.25	1~2	T0101	外圆车刀	游标卡尺	手动
2	钻中心孔	800	—	—		中心钻	—	手动
3	钻φ18mm 毛坯孔	350	—	—		φ18mm 麻花钻	—	手动
4	镗φ20mm 孔	600	0.25	1.5	T0202	75°镗孔刀	内径量表	自动
5	粗车φ40mm、φ48mm 外圆	600	0.25	1~2	T0101	外圆车刀	外径千分尺	自动
6	精车φ40mm、φ48mm 外圆	1000	0.1	0.25	T0101	外圆车刀	外径千分尺	自动
编制		审核		批准			共 1 页	第 1 页

表 8-3 数控加工工序卡（2）

数控加工工序卡(2)			产品名称		项目名称		项目序号
					综合零件的加工(1)		08
工序号	程序编号	夹具名称	夹具编号		使用设备		车间
002	O0082	一夹一顶			CAK6150DJ		数控实训中心
工步号	工步内容		切削用量			刀具		量具名称	备注
		主轴转速 n/(r/mm)	进给速度 F/(mm/r)	背吃刀量 a_p/(mm)	编号	名称		
1	车削右端面	600	0.25	1~2	T0101	外圆车刀	游标卡尺	手动
2	钻中心孔	800	—	—		中心钻		手动
3	粗车右边轮廓,留余量	600	0.25	1~2	T0101	外圆车刀	外径千分尺	自动
4	精车轮廓	1000	0.1	0.25	T0101	外圆车刀	外径千分尺	自动
5	切槽	350	0.1	2	T0303	切槽刀	游标卡尺	自动
6	加工螺纹	1000	2	—	T0404	螺纹车刀	螺纹千分尺	自动
编制		审核		批准			共 1 页	第 1 页

任务二 编写数控加工程序

根据各加工工步的进给路线，编写零件的加工程序，数控加工程序单见表 8-4、表 8-5。

表 8-4 数控加工程序单（1）

项目序号	08	项目名称	综合零件的加工(1)	编程原点	安装后右端面中心
程序号	O0081	数控系统	FANUC 0i Mate-TC	编制	

程序内容	简要说明
左侧	
T0202；	换 T0202 镗孔刀到位
G00 X80 Z100；	快速定位到换刀点
M03 S600；	主轴正转,转速为 600r/min
G00 X16 Z2；	快速定位到循环起始点
G71 U2 R1；	调用 G71 循环粗镗孔
G71 P10 Q20 U-0.5 W0.1 F0.25；	设置 G71 循环各参数
N10 G00 X30；	
G01 Z0；	
G02 X20 Z-5 R5；	精加工轮廓
Z-20；	
N20 X18；	
G00 X80 Z100；	返回换刀点
M05；	主轴停止
M00；	程序暂停
M03 S1000；	主轴正转,转速为 1000r/min
G00 X16 Z2；	快速定位到循环起始点
G70 P10 Q20 F0.1；	调用 G70 循环精镗孔
G00 X16 Z100；	返回换刀点
M05；	主轴停止
M00；	程序暂停
T0101；	换 T0101 外圆车刀
M03 S600；	主轴正转,转速为 600r/min
G00 X50 Z2；	快速定位到循环起始点
G71 U2 R1；	调用 G71 循环粗车外圆
G71 P30 Q40 U0.5 W0.1 F0.25；	设置 G71 参数
N30 X32；	
G01 X40 Z-2；	
Z-27；	
X46；	精加工轮廓
X48 Z-28；	
Z-40；	
N40 X50；	
G00 X80 Z100；	返回换刀点
M05；	主轴停止
M00；	程序暂停
M03 S1000；	主轴正转,转速为 1000r/min
G00 X50 Z2；	快速移动到起刀点
G70 P30 Q40 F0.1；	用 G70 指令精加工外轮廓
G00 X80 Z100；	返回换刀点
M05；	主轴停止
M30；	程序结束

表 8-5　数控加工程序单（2）

项目序号	08	项目名称	综合零件的加工(1)	编程原点	安装后右端面中心
程序号	O0082	数控系统	FANUC 0i Mate-TC	编制	

程序内容	简要说明
右侧	
T0101；	换 T0101 外圆车刀
G00　X80　Z100；	快速定位到换刀点
M03　S600；	主轴正转，转速为 600r/min
G00　X52　Z2；	快速定位到循环起始点
G71　U2　R1；	调用 G71 循环粗加工外轮廓
G71　P10　Q20　U-0.5　W0.1　F0.25；	设置 G71 参数
N10　X15.85；	⎫
G01　X23.85　Z-2；	⎪
Z-20；	⎪
X30；	⎬ 精加工轮廓
Z-38；	⎪
G02　X46　Z-46　R8；	⎪
N20　G01　X50；	⎭
G00　X80　Z100；	返回换刀点
M05；	主轴停止
M00；	程序暂停
M03　S1000；	主轴正转，转速为 1000r/min
G00　X52　Z2；	快速移动到起刀点
G70　P10　Q20　F0.1；	用 G70 指令精加工外轮廓
G00　X80　Z100；	回换刀点
M05；	主轴停止
M00；	程序暂停
T0303；	换 T0303 切槽刀
M03　S350　F0.1；	主轴正转，转速为 350r/min，进给量为 0.1mm/r
G00　X32　Z-20；	快速移动到起刀点
G01　X20.1；	车槽
G00　X32；	快速移动点定位
Z-19；	快速移动点定位
G01　X20；	车槽
Z-20；	车削槽底
G00　X32；	快速移动点定位
Z-36；	快速移动点定位
G01　X20.1；	车槽
G00　X32；	快速移动点定位
Z-32；	快速移动点定位
G01　X20；	车槽
Z-36；	车削槽底
G00　X32；	快速移动点定位
G00　X80　Z100；	回换刀点
M05；	主轴停止
M00；	程序暂停
T0404；	换 T0404 螺纹刀
M03　S1000；	主轴正转，转速为 1000r/min
G00　X26　Z2；	快速移动至起刀点

（续）

项目序号	08	项目名称	综合零件的加工(1)	编程原点	安装后右端面中心
程序号	O0082	数控系统	FANUC 0i Mate-TC	编制	
程序内容				简要说明	
G92　X25.85　Z－17　F2;				车削螺纹，螺距为2mm	
X25.2;					
X24.6;					
X24.3;					
X24;					
X23.835;					
X23.835;				精车螺纹	
G00　X80　Z100;				返回换刀点	
M05;				主轴停止	
M30;				程序结束	

任务三　数控仿真加工零件

数控仿真操作步骤如下：

1）打开仿真软件，开机。

2）选择面板，车床各轴回参考点。

3）选择及安装刀具，定义毛坯及设置零件。

4）对刀。

5）输入程序。

6）程序校验。

7）自动运行仿真加工。

8）测量工件，优化程序。

任务四　零件的加工检测

1. 加工准备

1）检查坯料尺寸。

2）开机，回参考点。

3）输入程序。

4）装夹工件。

5）装夹刀具。

2. 对刀设置

四把刀依次采用试切法对刀。把通过对刀操作得到的零点偏置分别输入各自的长度补偿中。其中，切槽刀以左刀尖为刀位点，螺纹车刀以刀尖为刀位点，对刀步骤同项目三。

3. 空运行及仿真

对输入的程序进行空运行或轨迹仿真，以检测程序是否正确。

4. 自动加工及尺寸控制

（1）零件的自动加工　选择自动加工模式，打开程序，调好进给倍率，按循环启动键进行加工。

（2）零件加工过程中的尺寸控制　通过修改刀具的磨损量来控制外圆、长度和螺纹的尺寸。

5. 检测零件与评分

在零件加工结束后进行检测，对工件进行误差与质量分析，将结果填入表8-6。

表8-6　数控车床编程与操作考核表

班级			姓名		学号		日期	
项目名称			综合零件的加工(1)			项目序号		08
基本检查		序号	检测项目		配分	学生自评	教师评分	
	编程	1	切削加工工艺制订正确		6			
		2	切削用量选用合理		6			
		3	程序正确、简单、明确且规范		6			
	操作	4	设备操作、维护保养正确		6			
		5	刀具选择、安装正确、规范		6			
		6	工件找正、安装正确、规范		6			
		7	安全文明生产		6			
工作态度		8	行为规范、纪律良好		6			
外圆		9	$\phi20$mm		4			
		10	$\phi30$mm		4			
		11	$\phi40$mm		4			
		12	$\phi48$mm		4			
内孔		13	$\phi20$mm		4			
螺纹		14	$M24\times2$		5			
长度		15	8mm		3			
		16	8mm		3			
		17	10mm		2			
		18	15mm		2			
		19	20mm		2			
		20	20mm		2			
		21	56mm		2			
		22	(83 ± 0.15)mm		3			
圆弧		23	$R8$mm		2			
倒角		24	$C1$、$C2$（两处）		3			
几何公差		25	同轴度		2			
其他					1			
综合得分					100			

四、项目总结

由于数控车工等级考试是单件生产，为了方便对程序进行调试和修改，建议将各部分加工内容写成单独的程序。例如，在本项目中，可以将内轮廓和外轮廓的加工程序分开编写。

在数控加工中，合理选择切削用量是保证加工精度的关键。因此，在编程与加工前应合理规划各刀具的切削用量。粗加工时，应根据刀具的切削性能和车床的性能选择切削用量。选择次序是：首先选取尽可能大的背吃刀量 a_p；然后根据车床动力和刚性的限制条件，选取尽可能大的进给量 f；最后根据刀具使用寿命的要求，确定合适的切削速度 v_c。精加工时，应根据零件的加工精度和表面质量来选择切削用量。首先根据粗加工后的余量确定背吃刀量 a_p；然后根据已加工表面的表面粗糙度要求，选取合适的进给量 f；最后在保证刀具使用寿命的前提下，尽可能选取较大的切削速度 v_c。

思考与练习

1. 保证有孔工件的同轴度和垂直度有哪些方法？

2. 简述工件原点和工件坐标系的含义。

自 测 题

一、选择题

1. 夹具装置的基本要求是使工件占有正确的加工位置，并使其在加工过程中（　　）。

A. 保持不变　　　　　　B. 灵活调整　　　　　　C. 相对滑动　　　　　　D. 便于安装

2. 车削时，增大（　　）可以减少进给次数，从而缩短机动时间。

A. 切削速度　　　　　　B. 进给量　　　　　　C. 背吃刀量　　　　　　D. 转速

3. 数控车削加工遵循的原则之一是"先近后远"，所谓的远与近是按加工部位相对于（　　）的距离大小而言的。

A. 对刀点　　　　　　B. 刀具　　　　　　C. 夹具　　　　　　D. 定位面

4. 进行数控车削时，确定进给路线的工作重点主要是确定（　　）的进给路线。

A. 粗加工和空行程　　　B. 空行程　　　　　　C. 粗加工　　　　　　D. 精加工

5. 为了高效切削铸造成形、粗车成形的工件，避免较多的空走刀，选用（　　）指令作为粗加工循环指令较为合适。

A. G71　　　　　　B. G72　　　　　　C. G73　　　　　　D. G74

二、判断题

1. 当车床低速开动时，可测量工件。 （　　）

2. 工厂车床动力配线一般为三相四线制，其中线电压为220V，相电压为380V。 （　　）

3. 车床进行粗加工时，产生热量大，应选择以冷却为主的乳化液以减少刀具的磨损。 （　　）

4. 在多轴自动车床中，第二主参数表示最大工件的长度。 （　　）

5. 车床的分辨率越高，其加工精度越高。 （　　）

三、项目训练

加工如图 8-2 所示的综合零件，材料为 45 钢，规格为 $\phi50mm \times 110mm$。要求：分析零件的加工工艺、编制加工程序，并完成零件的加工。

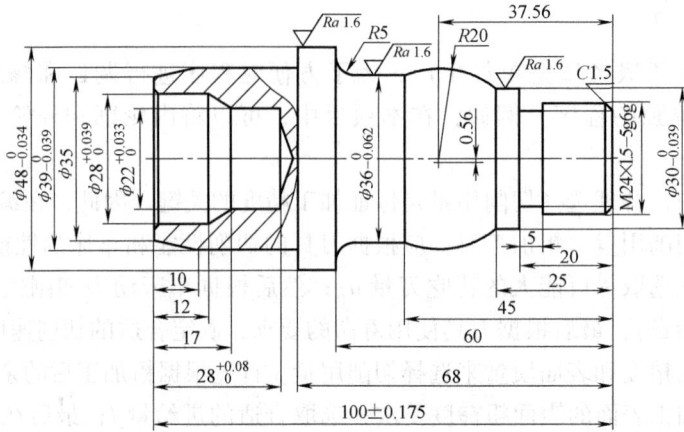

图 8-2　综合零件

项目九　综合零件的加工（2）

一、项目描述

本项目的待加工零件为综合零件，如图 9-1 所示。已知毛坯为 $\phi 50\text{mm} \times 85\text{mm}$ 的棒料，材料为 45 钢。要求制订零件的加工工艺；编写数控加工程序；通过数控仿真加工调试，优化程序；最后进行零件的加工检测。

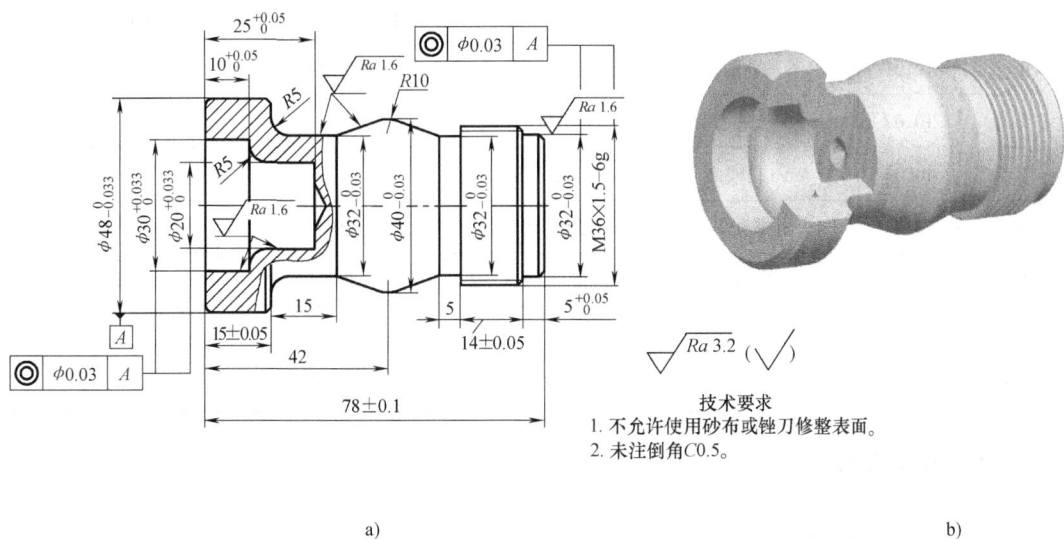

图 9-1　综合零件

a）零件图　b）实体图

二、项目教学目标

1. 掌握综合零件加工工艺的制订方法。
2. 会合理选择刀具及切削用量。
3. 掌握修整方法控制零件的尺寸精度。

三、项目实施

任务一　制订零件的加工工艺

1. 分析零件图

如图 9-1 所示的零件结构形状比较复杂，零件的尺寸精度和几何精度的要求也较高。

该零件重要的径向加工部位为 $\phi32mm$ 外圆、$\phi48mm$ 外圆，以及 $\phi20mm$ 内孔、$\phi30mm$ 内孔。轴向加工部位为 $\phi48mm$ 外圆的轴向长度 15mm，$\phi32mm$ 外圆的轴向长度 5mm，螺纹的轴向长度 14mm，总长 78mm。该零件的材料为 45 钢，无热处理和硬度要求。

2. 确定装夹方案

此零件需要经过两次装夹才能完成全部加工内容。第一次采用三爪自定心卡盘装夹右端，车削左端面，完成内孔及 $\phi48mm$ 外圆的加工；第二次以精加工后的 $\phi48mm$ 外圆为定位基准，采用铜皮包裹、一夹一顶的方式装夹，完成右端外形的加工。

3. 选择刀具及切削用量

刀具及切削参数见表 9-1。

表 9-1　刀具及切削参数

序号	刀具号	刀具类型	加工表面	切削用量	
				主轴转速 n/（r/mm）	进给速度 F/（mm/r）
1	T0101	93°菱形外圆车刀	外圆表面、端面	600、1000	0.25、0.1
2	T0202	75°镗孔刀	孔	600、1000	0.25、0.1
3	T0303	4mm 切槽刀	沟槽、切断	350	0.1
4	T0404	60°外螺纹车刀	三角形螺纹	1000	2
5	—	中心钻		800	—
6	—	$\phi18mm$ 麻花钻		350	—
编制		审核		批准	

4. 确定加工方案

（1）工序一

1）工步一：车削左端面，钻中心孔。

2）工步二：钻 $\phi18mm$ 毛坯孔。

3）工步三：粗、精镗内轮廓。

4）工步四：粗、精车 $\phi48mm$ 外圆柱面。

（2）工序二

1）工步一：工件调头，车削右端面，保证总长，钻中心孔。用铜皮包 $\phi48mm$ 外圆，采用一夹一顶的方式装夹。

2）工步二：粗车 $\phi32mm$ 圆柱面、$R10mm$ 圆弧面、$R5mm$ 圆弧面，以及 M36×1.5 螺纹大径等尺寸，留精车余量 0.5mm。

3）工步三：精车各外圆、圆弧至尺寸要求。

4）工步四：切退刀槽至尺寸要求。

5）工步五：车削螺纹 M36×1.5 至尺寸要求。

5. 填写工序卡

按加工顺序将各工步的加工内容、所用刀具编号、切削用量等加工信息填入数控加工工序卡，见表 9-2、表 9-3。

表 9-2　数控加工工序卡（1）

数控加工工序卡（1）			产品名称	项目名称		项目序号
				综合零件的加工（2）		09
工序号	程序编号	夹具名称	夹具编号	使用设备		车间
001	O0091	三爪自定心卡盘		CAK6150DJ		数控实训中心
工步号	工步内容		切削用量			刀具		量具名称	备注

工步号	工步内容	主轴转速 $n/(\text{r/mm})$	进给速度 $F/(\text{mm/r})$	背吃刀量 a_p/mm	编号	名称	量具名称	备注
1	车削左端面	600	0.25	1～2	T0101	外圆车刀	游标卡尺	手动
2	钻中心孔	800	—	—		中心钻	—	手动
3	钻 $\phi18$mm 毛坯孔	350	—	—		$\phi18$mm 麻花钻	—	手动
4	粗镗 $\phi20$mm、$\phi30$mm 孔	600	0.25	1.5	T0202	75°镗孔刀	内径量表	自动
5	精镗 $\phi20$mm、$\phi30$mm 孔	1000	0.1	0.25	T0202	75°镗孔刀	内径量表	自动
6	粗车 $\phi40$mm、$\phi48$mm 外圆	600	0.25	1～2	T0101	外圆车刀	外径千分尺	自动
7	精车 $\phi40$mm、$\phi48$mm 外圆	1000	0.1	0.25	T0101	外圆车刀	外径千分尺	自动
编制		审核		批准			共1页	第1页

表 9-3　数控加工工序卡（2）

数控加工工序卡（2）			产品名称	项目名称		项目序号
				综合零件的加工（2）		09
工序号	程序编号	夹具名称	夹具编号	使用设备		车间
002	O0092	一夹一顶		CAK6150DJ		数控实训中心

工步号	工步内容	主轴转速 $n/(\text{r/mm})$	进给速度 $F/(\text{mm/r})$	背吃刀量 a_p/mm	编号	名称	量具名称	备注
1	车削右端面	600	0.25	1～2	T0101	外圆车刀	游标卡尺	手动
2	钻中心孔	800	—	—		中心钻	—	手动
3	粗车右边轮廓，留余量	600	0.25	1～2	T0101	外圆车刀	外径千分尺	自动
4	精车轮廓	1000	0.1	0.25	T0101	外圆车刀	外径千分尺	自动
5	切槽	350	0.1	2	T0303	切槽刀	游标卡尺	自动
6	加工螺纹	1000	2	—	T0404	螺纹车刀	螺纹千分尺	自动
编制		审核		批准			共1页	第1页

任务二　编写数控加工程序

根据各加工工步的进给路线，编写零件的加工程序，数控加工程序单见表9-4、表9-5。

表9-4　数控加工程序单（1）

项目序号	09	项目名称	综合零件的加工(2)	编程原点	安装后右端面中心
程序号	O0091	数控系统	FANUC 0i Mate-TC	编制	

程序内容	简要说明
左侧	
T0202；	换 T0202 镗孔刀到位
G00　X80　Z100；	快速定位到换刀点
M03　S600；	主轴正转,转速为600r/min
G00　X16　Z2；	快速定位到循环起始点
G71　U2　R1；	调用 G71 循环粗镗孔
G71　P10　Q20　U−0.5　W0.1　F0.25；	设置 G71 参数
N10　X30；	
G01　Z-10；	
G02　X20　Z-15　R5；	精加工轮廓
G01　Z-25；	
N20　X16；	
G00　X80　Z100；	返回换刀点
M05；	主轴停止
M00；	程序暂停
M03　S1000；	主轴正转,转速为1000r/min
G00　X16　Z2；	快速定位到循环起始点
G70　P10Q20　F0.1；	调用 G70 循环精镗孔
G00　X80　Z100；	返回换刀点
M05；	主轴暂停
M00；	程序停止
T0101　M03　S600；	换 T0101 外圆车刀,主轴正转,转速为600r/min
G00　X50　Z2；	快速定位
X42；	
G01　X48　Z-1　F0.2；	车削加工
G01　Z-20；	
G01　X50；	
G00　X80　Z100；	返回换刀点
M05；	主轴停止
M30；	程序结束

表9-5　数控加工程序单（2）

项目序号	09	项目名称	综合零件的加工(2)	编程原点	安装后右端面中心
程序号	O0092	数控系统	FANUC 0i Mate-TC	编制	

程序内容	简要说明
右侧	
T0101；	换 T0101 外圆车刀
G00　X80　Z100；	快速定位到换刀点
M03　S600；	主轴正转,转速为600r/min
G00　X50　Z2；	快速定位到循环起始点
G73　U8　W0　R6；	调用 G73 循环加工外轮廓
G73　P10　Q20　U−0.5　W0.1　F0.25；	设置 G73 各加工参数

（续）

项目序号	09	项目名称	综合零件的加工(2)	编程原点	安装后右端面中心
程序号	O0092	数控系统	FANUC 0i Mate-TC	编制	

程序内容	简要说明
N10　X30；	
Z0；	
G01　X32　Z−1；	
Z−5；	
X31.8；	
X35.8　Z−7；	
Z−19；	
X32　Z−24；	精加工轮廓
X40　Z−36　R3；	
X32　Z−48；	
Z−58；	
G02　X42　Z−63　R5；	
G01　X46；	
X48　Z−64；	
N20　X50；	
G00　X80　Z100；	返回换刀点
M05；	主轴停止
M00；	程序暂停
M03　S1000；	主轴正转,转速为1000r/min
G70　P10　Q20　F0.1；	用G70指令精加工外轮廓
G00　X80　Z100；	回换刀点
M05；	主轴停止
M00；	程序暂停
T0303　M3　S350　F0.1；	换T0303切槽刀,主轴正转,转速为350r/min,进给量为0.1mm/r
G00　X34　Z−24；	快速移动到起刀点
G01　X32.1；	车槽
G00　X34；	快速移动点定位
Z−23；	快速移动点定位
G01　X32；	车槽
Z−24；	车削槽底
G00　X34；	快速移动点定位
G00　X80　Z100；	回换刀点
M05；	主轴停止
M00；	程序暂停
T0404　M03　S1000；	换T0404螺纹车刀,主轴正转,转速为1000r/min
G00　X34　Z−3；	快速移动至起刀点
G92　X35.8　Z−21　F1.5；	螺纹切削循环,螺距为2mm
X35.2；	
X34.6；	
X34.376；	
X34.376；	精车螺纹
G00　X80　Z100；	返回换刀点
M05；	主轴停止
M30；	程序结束

任务三 数控仿真加工零件

数控仿真操作步骤如下：

1）打开仿真软件，开机。

2）选择面板，车床各轴回参考点。

3）选择及安装刀具，定义毛坯及设置零件。

4）对刀。

5）输入程序。

6）程序校验。

7）自动运行仿真加工。

8）测量工件，优化程序。

任务四 零件的加工检测

1. 加工准备

1）检查坯料尺寸。

2）开机，回参考点。

3）输入程序。

4）装夹工件。

5）装夹刀具。

2. 对刀设置

四把刀依次采用试切法对刀。把通过对刀操作得到的零点偏置分别输入各自的长度补偿中。其中，切槽刀以左刀尖为刀位点，螺纹车刀以刀尖为刀位点，对刀步骤同项目三。

3. 空运行及仿真

对输入的程序进行空运行或轨迹仿真，以检测程序是否正确。

4. 自动加工及尺寸控制

（1）零件的自动加工 选择自动加工模式，打开程序，调好进给倍率，按循环启动键进行加工。

（2）零件加工过程中的尺寸控制 通过修改刀具的磨损量来控制外圆、长度和螺纹的尺寸。

5. 检测零件与评分

在零件加工结束后进行检测，对工件进行误差与质量分析，将结果填入表9-6中。

表9-6 数控车床编程与操作考核表

班级			姓名		学号			日期	
项目名称			综合零件的加工(2)				项目序号		09
基本检查	编程	序号	检测项目		配分		学生自评		教师评分
		1	切削加工工艺制订正确		6				
		2	切削用量选用合理		6				
		3	程序正确、简单、明确且规范		6				

（续）

班级			姓名		学号			日期	
项目名称			综合零件的加工（2）			项目序号		09	
基本检查	操作	序号	检测项目		配分	学生自评		教师评分	
		4	设备操作、维护保养正确		6				
		5	刀具选择、安装正确、规范		6				
		6	工件找正、安装正确、规范		6				
		7	安全文明生产		6				
工作态度		8	行为规范、纪律良好		6				
外圆		9	ϕ32mm（右端）		4				
		10	ϕ32mm		4				
		11	ϕ40mm		4				
		12	ϕ48mm		4				
内孔		13	ϕ20mm		4				
		14	ϕ30mm		4				
螺纹		15	M36×1.5		4				
长度		16	5mm（右端）		2				
		17	5mm		1				
		18	10mm（孔）		2				
		19	14mm		2				
		20	15mm		1				
		21	15mm（左端）		2				
		22	25mm（孔）		2				
		23	42mm		2				
		24	78mm		2				
圆弧		25	R3mm		1				
		26	R5mm		1				
		27	R5mm（孔）		1				
倒角		28	C1（两处）、C2（两处）		2				
几何公差		29	同轴度		2				
其他					1				
综合得分					100				

四、项目总结

　　本项目的工件有部分凹圆轮廓，既要注意选择合理的加工指令，又要注意选择合理的加工刀具，刀具应具有一定的副偏角。

　　本项目对尺寸精度、几何精度的要求很高。在加工过程中，可以通过对车床和夹具的调整来解决由工艺系统造成的尺寸精度降低的问题。而装夹、刀具、加工过程对尺寸精度的影响，则可以通过操作者正确、细致的操作来解决。因此，操作者在加工过程中进行精确的测量，也是保证加工精度的重要因素。

思考与练习

1. 粗加工凹圆弧表面时，有几种加工方法？各种方法的特点是什么？
2. 加工成形面常用的刀具有哪些？

自 测 题

一、选择题

1. 车削细长轴时，如果不采取任何工艺措施，轴会因受径向切削力的作用而发生弯曲变形，车削完的轴会出现（　　）形状。

A. 马鞍　　　　　　　B. 腰鼓　　　　　　　C. 锥体　　　　　　　D. 锯齿

2. 降低残留面积高度可以减小表面粗糙度值，而（　　）对其影响最大。

A. 主偏角　　　　　　B. 副偏角　　　　　　C. 前角　　　　　　　D. 后角

3. 在切削用量中，对切削力影响最大的是（　　）。

A. 背吃刀量　　　　　B. 进给量　　　　　　C. 切削速度　　　　　D. 影响相同

4. 车削（　　）性材料时，车刀可选择较大的前角。

A. 软　　　　　　　　B. 硬　　　　　　　　C. 塑　　　　　　　　D. 脆

5. 用卡盘装夹悬臂较长的轴时，容易产生（　　）度误差。

A. 圆　　　　　　　　B. 圆柱　　　　　　　C. 同轴　　　　　　　D. 垂直

二、判断题

1. 圆度公差是控制圆柱面横截面形状误差的指标。　　　　　　　　　　　　　　（　　）

2. 为了减小工件的变形，薄壁工件不能采用轴向夹紧的方法。　　　　　　　　（　　）

3. 工艺规程制订得是否合理，将直接影响工件的质量、劳动生产率和经济效益。（　　）

4. 粗基准因精度要求不变而可以重复使用。　　　　　　　　　　　　　　　　（　　）

5. 调质一般安排在粗加工之后，半精加工之前进行。　　　　　　　　　　　　（　　）

三、项目训练

加工如图 9-2 所示的综合零件，材料为 45 钢，规格为 $\phi50\mathrm{mm} \times 110\mathrm{mm}$。要求：分析零件的加工工艺、编制加工程序，并完成零件的加工。

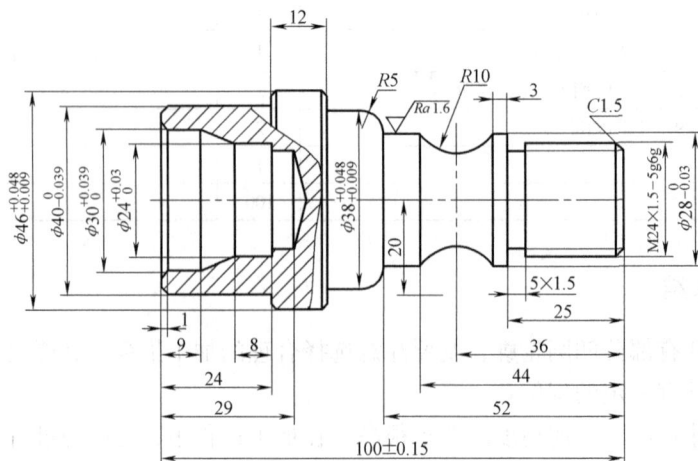

图 9-2　综合零件

项目十　综合零件的加工（3）

一、项目描述

本项目的待加工零件为综合零件，如图 10-1 所示。已知毛坯为 $\phi45\text{mm} \times 80\text{mm}$ 的棒料，材料为 45 钢。要求制订零件的加工工艺；编写数控加工程序；通过数控仿真加工调试，优化程序；最后进行零件的加工检测。

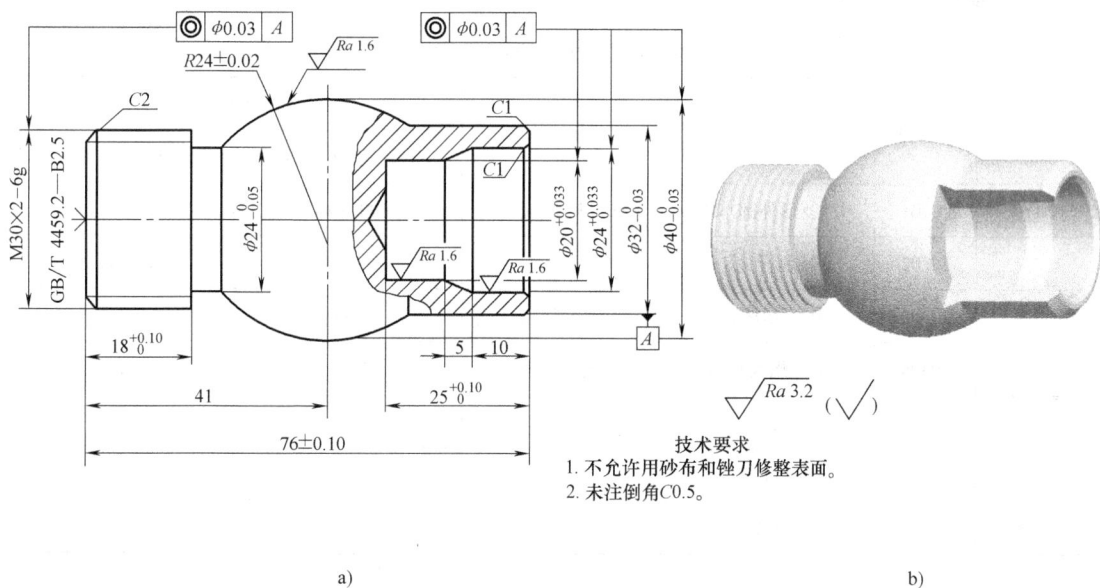

a)

b)

图 10-1　综合零件
a）零件图　b）实体图

二、项目教学目标

1. 掌握综合零件加工工艺的制订方法。
2. 掌握切削用量的选择方法。
3. 掌握分析零件尺寸误差的方法。

三、项目实施

任务一　制订零件的加工工艺

1. 分析零件图

如图 10-1 所示零件的结构形状比较复杂，零件的尺寸精度和几何精度的要求也较高。

该零件重要的径向加工部位为 $\phi24mm$ 外圆、$\phi32mm$ 外圆、$\phi40mm$ 外圆，以及 $\phi20mm$ 内孔、$\phi24mm$ 内孔，轴向加工部位为 $\phi24mm$ 孔的轴向长度 25mm，螺纹的轴向长度 18mm，总长 76mm。该零件的材料为 45 钢，无热处理和硬度要求。

2. 确定装夹方案

此零件需要经过两次装夹才能完成全部加工内容。第一次采用三爪自定心卡盘装夹左端，车削右端面，完成内孔及 $\phi32mm$ 外圆、$R24mm$ 圆弧的加工；第二次以精车后的外圆 $\phi32mm$ 为定位基准，采用铜皮包裹、一夹一顶的方式装夹，完成左端外形的加工。

3. 选择刀具及切削用量

刀具及切削参数见表 10-1。

表 10-1　刀具及切削参数

序号	刀具号	刀具类型	加工表面	切削用量	
				主轴转速 $n/(r/mm)$	进给速度 $F/(mm/r)$
1	T0101	93°菱形外圆车刀	外圆表面、端面	600、1000	0.25、0.1
2	T0202	75°镗孔刀	孔	600、1000	0.25、0.1
3	T0303	4mm 切槽刀	沟槽、切断	350	0.1
4	T0404	60°外螺纹车刀	三角形螺纹	1000	2
5	—	中心钻	—	800	—
6	—	$\phi18mm$ 麻花钻	—	350	—
编制		审核		批准	

4. 确定加工方案

（1）工序一

1）工步一：车削右端面，钻中心孔。

2）工步二：钻 $\phi18mm$ 毛坯孔。

3）工步三：粗、精镗内轮廓。

4）工步四：切退刀槽。

5）工步五：粗、精车外圆柱面。

（2）工序二

1）工步一：工件调头，车削左端面，保证总长，钻中心孔。用铜皮包 $\phi32mm$ 外圆，采用一夹一顶的方式装夹。

2）工步二：车削 M30×2 螺纹的大径。

3）工步三：车削螺纹 M30×2 至尺寸要求。

5. 填写工序卡

按加工顺序将各工步的加工内容、所用刀具编号、切削用量等加工信息填入数控加工工序卡，见表 10-2、表 10-3。

表 10-2　数控加工工序卡（1）

数控加工工序卡(1)			产品名称	项目名称		项目序号
				综合零件的加工(3)		10
工序号	程序编号	夹具名称	夹具编号	使用设备		车间
001	000101	三爪自定心卡盘		CAK6150DJ		数控实训中心
工步号	工步内容		切削用量			刀具		量具名称	备注

工步号	工步内容	主轴转速 $n/(\text{r/mm})$	进给速度 $F/(\text{mm/r})$	背吃刀量 a_p/mm	编号	名称	量具名称	备注
1	车削右端面	600	0.25	1～2	T0101	外圆车刀	游标卡尺	手动
2	钻中心孔	800	—	—		中心钻	—	手动
3	钻 $\phi18\text{mm}$ 毛坯孔	350	—	—		$\phi18\text{mm}$ 麻花钻		手动
4	粗镗 $\phi20\text{mm}$、$\phi24\text{mm}$ 孔	600	0.25	1.5	T0202	75°镗孔刀	内径量表	自动
5	精镗 $\phi20\text{mm}$、$\phi24\text{mm}$ 孔	1000	0.1	0.25	T0202	75°镗孔刀	内径量表	自动
6	切槽	350	0.1	2	T0303	切槽刀	外径千分尺	自动
7	粗车 $\phi32\text{mm}$ 外圆、$R24\text{mm}$ 圆弧	600	0.25	1～2	T0101	外圆车刀	外径千分尺	自动
8	精车 $\phi32\text{mm}$ 外圆、$R24\text{mm}$ 圆弧	1000	0.1	0.25	T0101	外圆车刀	外径千分尺	自动
编制		审核		批准			共1页	第1页

表 10-3　数控加工工序卡（2）

数控加工工序卡(2)			产品名称	项目名称		项目序号
				综合零件的加工(3)		10
工序号	程序编号	夹具名称	夹具编号	使用设备		车间
001	000102	一夹一顶		CAK6150DJ		数控实训中心

工步号	工步内容	主轴转速 $n/(\text{r/mm})$	进给速度 $F/(\text{mm/r})$	背吃刀量 a_p/mm	编号	名称	量具名称	备注
1	车削左端面	600	0.25	1～2	T0101	外圆车刀	游标卡尺	手动
2	钻中心孔	800	—	—		中心钻	—	手动
3	粗车左边螺纹大径	600	0.25	1～2	T0101	外圆车刀	外径千分尺	自动
4	加工螺纹	1000	2	—	T0404	螺纹车刀	螺纹千分尺	自动
编制		审核		批准			共1页	第1页

任务二　编写数控加工程序

根据各加工工步的进给路线，编写零件的加工程序，数控加工程序单见表 10-4、表 10-5。

表 10-4 数控加工程序单（1）

项目序号	10	项目名称	综合零件的加工(3)	编程原点	安装后右端面中心
程序号	O0101	数控系统	FANUC 0i Mate-TC	编制	
程序内容			简要说明		

程序内容	简要说明
右侧	
T0202；	换 T0202 镗孔刀到位
G00　X80　Z100；	快速定位到换刀点
M03　S600；	主轴正转,转速为 600r/min
X16　Z2；	快速定位到循环起始点
G71　U1　R0.5；	调用 G71 循环粗镗孔
G71　P10　Q20　U-0.3　W0　F0.25；	设置 G71 加工参数
G00　X26　S1000　F0.1；	
N10；	
G1　Z0；	
X24　Z-1；	
Z-10；	精加工轮廓
X20　Z-15；	
Z-25；	
N20　X16；	
G70　P10　Q20；	调用 G70 循环精镗孔
G00　X80　Z100；	快速退刀
T0303 S350；	换 T0303 切槽刀
G00　X42　Z-57；	快速移动到起刀点
G75　R0.5；	调用 G75 循环切槽
G75　X24　Z-58　P2000　Q2000　F0.1；	设置 G75 加工参数
G00　X80　Z100；	回换刀点
T0101　S600；	换 T0101 外圆车刀,主轴转速为 600r/min
G00　X42　Z2；	快速定位到循环起始点
G73　U8　W0　R6；	调用 G73 循环加工外轮廓
G73　P30　Q40　U0.5　W0　F0.25；	设置 G73 加工参数
N30　G00　X30　Z0　S1000　F0.1；	
G01　X32　Z-1；	
Z-20.34；	精加工轮廓
G03　X24　Z-52.89　R24；	
N40　G01　X42；	
G70　P30　Q40；	调用 G70 循环精加工外轮廓
G00　X80　Z100；	返回换刀点
M05；	主轴停止
M30；	程序结束

表 10-5 数控加工程序单（2）

项目序号	10	项目名称	综合零件的加工(3)	编程原点	安装后右端面中心
程序号	O0102	数控系统	FANUC 0i Mate-TC	编制	
程序内容			简要说明		

程序内容	简要说明
左侧	
T0101　M03　S600；	换 T0101 外圆车刀
G000　X80　Z100；	快速移至换刀点
X42　Z2；	快速到达循环起始点
G71　U1　R0.5；	调用 G71 循环加工外轮廓

（续）

项目序号	10	项目名称	综合零件的加工(3)	编程原点	安装后右端面中心
程序号	O0102	数控系统	FANUC 0i Mate-TC	编制	
程序内容			简要说明		

程序内容	简要说明
G71　P10　Q20　U0.5　W0　F0.25；	设置 G71 加工参数
N10　G00　X25　S1000　F0.1；	
G01　Z0；	
X29.8　Z-2；	精加工轮廓
Z-20；	
N20　X42；	
G70　P10　Q20；	用 G70 精加工外轮廓
G00　X80　Z100；	回换刀点
T0404　S1000；	换 4 号刀，设置转速
G00　X32　Z2；	快速定位至螺纹循环起始点
G76　P020560　Q50　R0.05；	调用 G76 循环加工螺纹
G76　X27.4　Z-20　P1300　Q400　F2.0；	设置 G76 加工参数
G00　X80　Z100；	快速退刀
M05；	主轴停止
M30；	程序结束

任务三　数控仿真加工零件

数控仿真操作步骤如下：
1）打开仿真软件，开机。
2）选择面板，车床各轴回参考点。
3）选择及安装刀具，定义毛坯及设置零件。
4）对刀。
5）输入程序。
6）程序校验。
7）自动运行仿真加工。
8）测量工件，优化程序。

任务四　零件的加工检测

1. 加工准备
1）检查坯料尺寸。
2）开机，回参考点。
3）输入程序。
4）装夹工件。
5）装夹刀具。

2. 对刀设置
四把刀依次采用试切法对刀。把通过对刀操作得到的零点偏置分别输入各自的长度补偿中。其中，切槽刀以左刀尖为刀位点，螺纹车刀以刀尖为刀位点，对刀步骤同项目三。

3. 空运行及仿真

对输入的程序进行空运行或轨迹仿真，以检测程序是否正确。

4. 自动加工及尺寸控制

（1）零件的自动加工　选择自动加工模式，打开程序，调好进给倍率，按循环启动键进行加工。

（2）零件加工过程中的尺寸控制　通过修改刀具的磨损量来控制外圆、长度和螺纹的尺寸。

5. 检测零件与评分

在零件加工结束后进行检测，对工件进行误差与质量分析，将结果填入表10-6。

表10-6　数控车床编程与操作考核表

班级			姓名		学号		日期	
项目名称			综合零件的加工(3)			项目序号		10
		序号	检测项目		配分	学生自评	教师评分	
基本检查	编程	1	切削加工工艺制订正确		6			
		2	切削用量选用合理		6			
		3	程序正确、简单、明确且规范		6			
	操作	4	设备操作、维护保养正确		6			
		5	刀具选择、安装正确、规范		6			
		6	工件找正、安装正确、规范		6			
		7	安全文明生产		6			
工作态度		8	行为规范、纪律良好		6			
外圆		9	$\phi24mm$		4			
		10	$\phi32mm$		4			
		11	$\phi40mm$		4			
内孔		12	$\phi20mm$		4			
		13	$\phi24mm$		4			
螺纹		14	$M30\times2$		6			
长度		15	5mm		2			
		16	10mm		2			
		17	18mm		3			
		18	25mm		3			
		19	41mm		2			
		20	76mm		3			
圆弧		21	$R24mm$		5			
倒角		22	$C1$、$C2$		2			
几何公差		23	同轴度		3			
其他					1			
综合得分					100			

四、项目总结

正确的工艺分析是高质量完成工件加工的关键，工艺分析的主要内容有：零件图样分析、加工方案及加工路线的制订、工件的定位及装夹、刀具的选用等。

本项目的目的是强化学生的中级职业技能，提高学生分析问题和解决问题的能力，从而使学生顺利通过中级职业技能鉴定。

思考与练习

1. 说明螺纹切削循环 G76 指令的使用格式。
2. G02、G03 圆弧指令中 I、K 的意义是什么？
3. 简述数控车床故障诊断及排除的方法。

自 测 题

一、选择题

1. 灰铸铁牌号 HT200 中的数字 200 表示该牌号灰铸铁（　　）强度的最低值。

A. 抗拉　　　　　　　　B. 屈服　　　　　　　　C. 疲劳　　　　　　　　D. 抗弯

2. 车床的主运动是（　　）

A. 工件的旋转运动　　　B. 刀具的横向进给　　　C. 刀具的纵向进给

3. 工件加工后测量所得的尺寸与规定尺寸的差值称为（　　）

A. 尺寸公差　　　　　　B. 尺寸偏差　　　　　　C. 尺寸误差

4. 在数控程序中，G00 指令命令刀具快速到位，但是在应用时（　　）

A. 必须有地址指令　　　B. 不需要地址指令　　　C. 地址指令可有可无

5. 在车床上加工轴类零件，用三爪自定心卡盘装夹工件的定位属于（　　）点定位。

A. 六　　　　　　　B. 五　　　　　　　C. 四　　　　　　　D. 七　　　　　　　E. 三

二、判断题

1. 半精加工的原则是：当粗加工后留下余量的均匀性无法满足精加工要求时，安排半精加工作为过渡性加工工序，以便使精工加余量小而均匀。　　　　　　　　　　　　　　　　　　（　　）

2. 加工工艺的主要内容有：制订工序、工步及进给路线等加工方案；确定切削用量（包括主轴转速、进给速度、背吃刀量）；制订补偿方案。　　　　　　　　　　　　　　　　　　　　（　　）

3. 数控车床车削用的车刀分三类：尖形车刀，圆弧车刀，端面车刀。　　　　　　　（　　）

4. 前刀面磨损就是形成月牙洼的磨损，一般是在切削速度较高、切削厚度较大的情况下，加工塑性金属材料时引起的。　　　　　　　　　　　　　　　　　　　　　　　　　　　　（　　）

5. 车削时的进给量即工件沿刀具进给方向的相对位移。　　　　　　　　　　　　（　　）

三、项目训练

加工如图 10-2 所示的综合零件，材料为 45 钢，规格为 $\phi 40\text{mm} \times 95\text{mm}$。要求：分析零件的加工工艺、编制加工程序，并完成零件的加工。

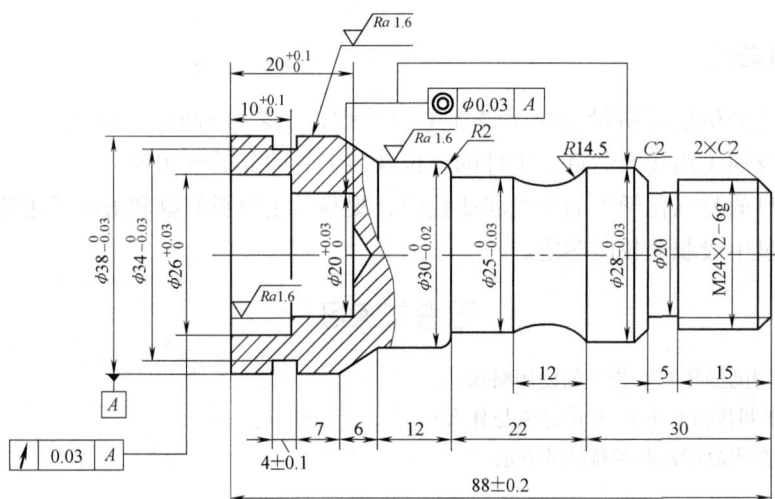

图 10-2　综合零件

第三篇

鉴定篇

样卷一　数控车工职业技能（中级）考核试卷 01

一、理论知识试卷

（一）单项选择题（第1题～第40题，选择一个正确的答案，将相应的字母填入题内的括号中，每题2分，满分80分）

1. 职业道德体现了（　　）。
A. 从业者对所从事职业的态度　　　　B. 从业者的工资收入
C. 从业者享有的权利　　　　　　　　D. 从业者的工作计划

2. 不爱护工、卡、刀、量具的做法是（　　）。
A. 正确使用工、卡、刀、量具　　　　B. 工、卡、刀、量具要放在规定地点
C. 随意拆装工、卡、刀、量具　　　　D. 按规定维护工、卡、刀、量具

3. 加工零件时，造成表面粗糙度值大的主要原因是（　　）。
A. 刀具装夹不准确而形成的误差
B. 车床几何精度方面的误差
C. 车床—刀具—工件系统的振动、发热和运动不平衡
D. 刀具和工件表面间的摩擦，切削分离时表面层的塑性变形及工艺系统的高频振动

4. 链传动是由链条和具有特殊齿形的（　　）组成的传递运动和动力的机构。
A. 齿轮　　　　　B. 链轮　　　　　C. 蜗轮　　　　　D. 齿条

5. 百分表的示值范围通常有 0～3mm、0～5mm 和（　　）mm 三种。
A. 0～8　　　　　B. 0～10　　　　　C. 0～12　　　　　D. 0～15

6. 高精度或形状特别复杂的箱体在粗加工之后还要安排一次（　　），以消除粗加工造成的残余应力。
A. 淬火　　　　　B. 调质　　　　　C. 正火　　　　　D. 人工时效

7. 钻孔一般属于（　　）。
A. 精加工　　　　B. 半精加工　　　　C. 粗加工　　　　D. 半精加工和精加工

8. 正确的触电救护措施是（　　）。
A. 打强心针　　　　B. 接氧气　　　　C. 人工呼吸　　　　D. 按摩胸口

9. 图样上符号⊥是（　　）公差，称为（　　）。
A. 位置、垂直度　　B. 形状、直线度　　C. 尺寸、偏差　　D. 形状、圆柱度

10. 画零件图的步骤是：选择比例和图幅；布置图面，完成底稿；检查底稿后，再描深图形；（　　）。
A. 填写标题栏　　B. 布置版面　　C. 标注尺寸　　D. 存档保存

11. 长度和（　　）之比大于25倍的轴称为细长轴。
A. 小径　　　　　B. 半径　　　　　C. 直径　　　　　D. 大径

12. 伺服驱动系统由伺服驱动电路和驱动装置组成，驱动装置主要有（　　）电动机，

进给系统的步进电动机或交、直流伺服电动机等。

    A. 异步   B. 三相   C. 主轴   D. 进给

13. 夹紧要牢固、可靠，并保证工件在加工中的（   ）不变。

    A. 尺寸   B. 定位   C. 位置   D. 间隙

14. 负前角仅适用于硬质合金车刀车削锻件、铸件毛坯和（   ）材料。

    A. 硬度低   B. 硬度很高   C. 耐热性   D. 强度高

15. CA6140 车床开合螺母机构由半螺母、（   ）、槽盘、锲铁、手柄、轴、螺钉和螺母组成。

    A. 圆锥销   B. 圆柱销   C. 开口销   D. 丝杠

16. 车削细长轴时一般选用45°车刀、75°左偏刀、90°左偏刀、切槽刀、（   ）和中心钻等。

    A. 钻头   B. 螺纹车刀   C. 锉刀   D. 铣刀

17. 伸长量与工件的总长度有关，对于长度较短的工件，热变形伸长量（   ），可忽略不计。

    A. 一般   B. 较大   C. 较小   D. 为零

18. 偏心卡盘分两层，低盘安装在（   ）上，三爪自定心卡盘安装在偏心体上，偏心体与底盘燕尾槽配合。

    A. 刀架   B. 尾座   C. 卡盘   D. 主轴

19. 用花盘车削非整圆孔工件时，先把花盘盘面精车一刀，把 V 形架轻轻固定在（   ）上，把工件圆弧靠在 V 形架上用压板轻压。

    A. 刀架   B. 角铁   C. 主轴   D. 花盘

20. 梯形螺纹的代号用"Tr"及公称直径和（   ）表示。

    A. 牙顶宽   B. 导程   C. 角度   D. 螺距

21. 加工矩形 42mm × 6mm 的内螺纹时，其小径 D_1 为（   ）mm。

    A. 35   B. 38   C. 37   D. 36

22. 大型回转表面应在（   ）车床上加工。

    A. 立式   B. 卧式   C. 转塔   D. 自动

23. 一般情况下，交换齿轮 Z_1 到主轴之间的传动比是 1:1，Z_1 转过的角度（   ）工件转过的角度。

    A. 不相等   B. 大于   C. 小于   D. 等于

24. 工件加工后测量所得的尺寸与规定不一致时，其差值是（   ）。

    A. 尺寸公差   B. 尺寸偏差   C. 尺寸误差

25. 在数控程序中，G00 指令命令刀具快速到位，但是在应用时（   ）。

    A. 必须有地址指令   B. 不需要地址指令   C. 地址指令可有可无

26. 在车床上加工轴类零件，用三爪自定心卡盘装夹工件，其定位是（   ）点定位。

    A. 六   B. 五   C. 四   D. 七

27. 数控车床一般采用机夹刀具，与普通刀具相比机夹刀具有很多特点，但（   ）不是机夹刀具的特点。

    A. 刀片和刀具的几何参数和切削参数的规范化、典型化

B. 刀具要经常进行重新刃磨

C. 刀片及刀柄高度的通用化、规则化、系列化

D. 刀片或刀具的使用寿命及其经济寿命指标的合理化

28. 在数控车床上加工轴类零件时，应遵循（　　）的原则。

A. 先精后粗　　　　B. 先平面后一般　　　C. 先粗后精　　　　D. 无所谓

29. G50 指令是（　　），有时也可以使用 G54 指令。

A. 建立程序文件格式　　　　　　　　B. 建立机床坐标系

C. 确定工件的编程尺寸　　　　　　　D. 建立工件坐标系

30. 下列指令属于准备功能的是（　　）。

A. G01　　　　　　B. M08　　　　　　C. T01　　　　　　D. S500

31. 根据加工零件图样选定的编制零件程序的原点是（　　）。

A. 机床原点　　　　B. 编程原点　　　　C. 加工原点　　　　D. 刀具原点

32. 通过当前的刀位点设定加工坐标系的原点，不产生车床运动的指令是（　　）。

A. G54　　　　　　B. G53　　　　　　C. G55　　　　　　D. G50

33. 数控车床有不同的运动形式，需要考虑工件与刀具的相对运动关系及坐标系的方向。在编写程序时，应遵循（　　）的原则。

A. 刀具固定不动，工件移动　　　　　B. 工件固定不动，刀具移动

C. 分析车床运动关系后再根据实际情况定　D. 按车床说明书而定

34. 进给功能字 F 后的数字表示（　　）。

A. 每分钟进给量（mm/min）　　　　B. 每秒钟进给量（mm/s）

C. 每转进给量（mm/r）　　　　　　D. 螺纹螺距（mm）

35. 在下列零件中，除（　　）类零件外，均适宜用数控车床加工。

A. 轮廓形状复杂的轴　　　　　　　　B. 精度要求高的盘套

C. 各种螺旋回转　　　　　　　　　　D. 多孔系的箱体

36. 滚珠丝杠副消除轴向间隙的目的是（　　）。

A. 提高使用寿命　　B. 减小摩擦力矩　　C. 增大驱动力矩　　D. 提高反向传动精度

37. 造成刀具磨损的主要原因是（　　）。

A. 背吃刀量的大小　B. 进给量的大小　　C. 切削时的高温　　D. 切削速度的大小

38. 在下列代码中，属于非模态代码的是（　　）。

A. M03　　　　　　B. F120　　　　　　C. S300　　　　　　D. G04

39. 数控车床的操作一般有点动（JOG）模式、自动（AUTO）模式、手动数据输入（MDI）模式，在输入与修改刀具参数时，通常采用（　　）模式。

A. 点动（JOG）　　　　　　　　　　B. 手动数据输入（MDI）

C. 自动（AUTO）　　　　　　　　　D. 单段运行

40. 切削时的切削热大部分由（　　）传散出去。

A. 刀具　　　　　　B. 工件　　　　　　C. 切屑　　　　　　D. 空气

（二）判断题（第 41 题～第 60 题，将判断结果填入括号中，正确的填"√"，错误的填"×"，每题 1 分，满分 20 分）

41. 编制完程序后，一般不需要进行空运行操作。　　　　　　　　　　　　（　　）

42. 造成加工失步的原因都是机械结构存在间隙。　　　　　　　　　　　　　　（　　　）

43. 使用数控车床进行加工是典型的工序分散的例子。　　　　　　　　　　　　（　　　）

44. 通过切削刃上的某一定点，垂直于切削平面的平面叫基面。　　　　　　　　（　　　）

45. 使用百分表不能直接测得零件的实际尺寸。　　　　　　　　　　　　　　　（　　　）

46. 当几何公差采用最大实体原则时，尺寸公差可以补偿给几何公差。　　　　　（　　　）

47. 切削铸铁等脆性材料时，加注切削液可将切屑及时冲走以保护车床。　　　　（　　　）

48. 一般情况下，刀具材料的硬度越高，说明刀具的韧性越好。　　　　　　　　（　　　）

49. 回转车床除了有一个横刀架外，还有一个可以绕垂直线转位的六角开转塔刀架。
　　　　　　　　　　　　　　　　　　　　　　　　　　　　　　　　　　　　（　　　）

50. 研磨前，工件必须留有 0.05～0.2mm 的研磨余量。　　　　　　　　　　　（　　　）

51. 专用夹具包括花盘、气动夹具及四爪单动卡盘等。　　　　　　　　　　　　（　　　）

52. 选择定位基准时，为了确保外形与加工部位相对正确，应选择加工表面作为粗基准。　　　　　　　　　　　　　　　　　　　　　　　　　　　　　　　　　　（　　　）

53. 在花盘角铁上进行加工时，为了安全，车床转速不宜过高。　　　　　　　　（　　　）

54. 车削细长轴时，为减小其径向分力，应选择主偏角小于75°的车刀。　　　　（　　　）

55. 在数控车床上加工工件时，为了测量与编程方便，常采用半径编程。　　　　（　　　）

56. 用三爪自定心卡盘夹持工件进行车削属于完全定位。　　　　　　　　　　　（　　　）

57. 半闭环控制系统的精度高于开环系统，但低于闭环系统。　　　　　　　　　（　　　）

58. M00 指令属于准备功能指令，其含义是主轴停转。　　　　　　　　　　　　（　　　）

59. 编制数控程序时，一般以机床坐标系为编程依据。　　　　　　　　　　　　（　　　）

60. 数控车床自动刀架的刀位数与其数控系统所允许的刀具数总是一致的。　　　（　　　）

参考答案

（一）单项选择题（第1题～第40题，选择一个正确的答案，将相应的字母填入题内的括号中，每题2分，满分80分）

1. A	2. C	3. D	4. B	5. D	6. D	7. C	8. C
9. A	10. A	11. C	12. C	13. C	14. B	15. B	16. B
17. C	18. D	19. D	20. D	21. D	22. A	23. D	24. C
25. A	26. C	27. B	28. C	29. C	30. A	31. B	32. C
33. B	34. A	35. D	36. D	37. C	38. D	39. B	40. C

（二）判断题（第41题～第60题，将判断结果填入括号中，正确的填"√"，错误的填"×"，每题1分，满分20分）

41. ×	42. ×	43. ×	44. √	45. ×	46. √	47. ×	48. ×
49. √	50. ×	51. ×	52. ×	53. √	54. √	55. ×	56. ×
57. √	58. ×	59. ×	60. ×				

二、操作技能试卷

1. 零件图

数控车工职业技能（中级）考核试卷01零件图如试卷图1所示。

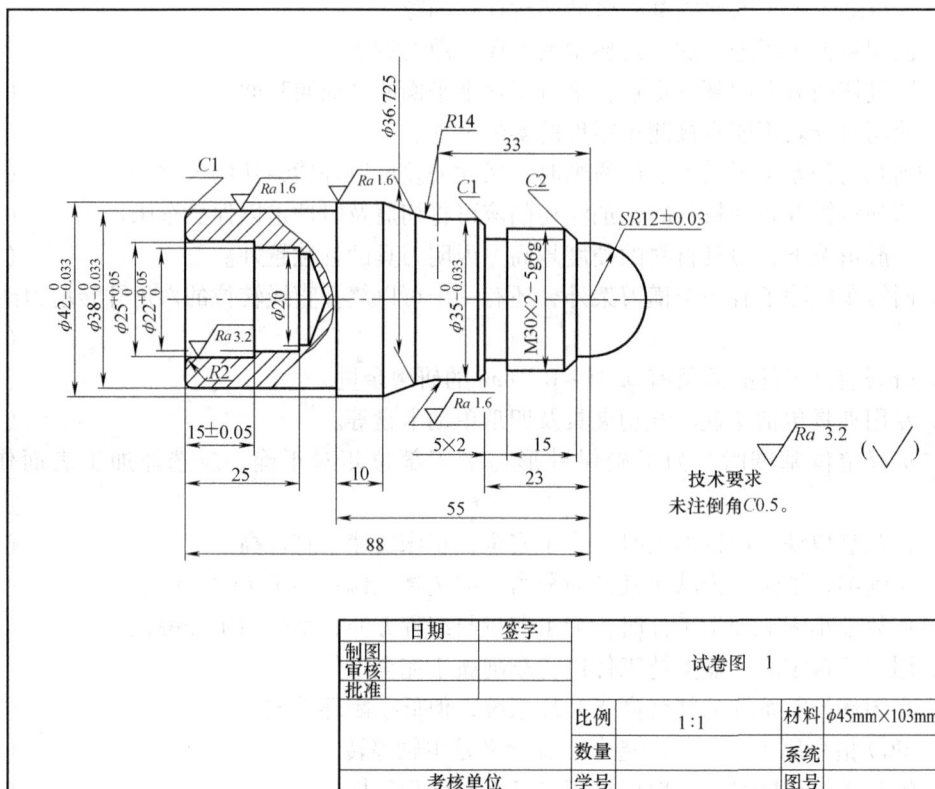

试卷图 1

2. 工具、量具、刀具、辅具准备清单

数控车工职业技能（中级）考核试卷 01 工具、量具、刀具、辅具准备清单见试卷表 1。

试卷表 1

序号	名 称	规 格	数量	备 注
1	游标卡尺	0~150mm	1	
2	千分尺	0~25mm、25~50mm	各 1	
3	螺纹千分尺	25~50mm	1	
4	半径样板	R1~R6.5mm、R7~R15mm	各 1	
5	内径量表	18~35mm	1	
6	百分表及表座	0~10mm	1	
7	刀具	端面车刀	1	
8		外圆车刀	2	副偏角大于 30°
9		三角形螺纹车刀	1	
10		切槽、切断车刀	1	宽 4~5mm，长 25mm
11		镗孔车刀	1	孔径 φ20mm，长 30mm
12		钻头 φ20mm	1	
13		中心钻 A3 型	1	

（续）

序号	名 称	规 格	数量	备 注
14		垫片若干、油石、0.2mm厚铜皮等		
15	辅具	函数型计算器		
16		其他车工常用辅具		
17	材料	45 钢、$\phi45\text{mm} \times 103\text{mm}$		
18	数控系统	SINUMERIK、FANUC 或华中 HNC 数控系统		

3. 评分记录表

数控车工职业技能（中级）考核试卷01 评分记录表见试卷表 2。

试卷表 2

评分记录表

单位　　　　　　　　　　准考证号　　　　　　　　　　姓名

检测项目		技 术 要 求		配分	评 分 标 准	检测结果	得分
外圆	1	$\phi42 _{-0.033}^{0}\text{mm}$	$Ra1.6\mu\text{m}$	5/2	超差 0.01mm 扣 3 分,降级无分		
	2	$\phi38 _{-0.033}^{0}\text{mm}$	$Ra1.6\mu\text{m}$	5/2	超差 0.01mm 扣 3 分,降级无分		
	3	$\phi35 _{-0.033}^{0}\text{mm}$	$Ra1.6\mu\text{m}$	5/2	超差 0.01mm 扣 3 分,降级无分		
	4	$SR(12 \pm 0.03)\text{mm}$	$Ra3.2\mu\text{m}$	5/2	超差 0.01mm 扣 3 分,降级无分		
内孔	5	$\phi25 _{0}^{+0.05}\text{mm}$	$Ra3.2\mu\text{m}$	5/2	超差 0.01mm 扣 3 分,降级无分		
	6	$\phi22 _{0}^{+0.05}\text{mm}$	$Ra3.2\mu\text{m}$	5/2	超差 0.01mm 扣 3 分,降级无分		
锥度	7		$Ra3.2\mu\text{m}$	4/2	超差、降级无分		
圆弧	8	$SR12$	$Ra3.2\mu\text{m}$	3/2	超差、降级无分		
	9	$R14$	$Ra3.2\mu\text{m}$	3/2	超差、降级无分		
螺纹	10	$M30 \times 2\text{-}5g6g$	大径	3	超差无分		
	11	$M30 \times 2\text{-}5g6g$	中径	5	超差无分		
	12	$M30 \times 2\text{-}5g6g$	两侧 $Ra3.2\mu\text{m}$	6	降级无分		
	13	$M30 \times 2\text{-}5g6g$	牙型角	4	不符合无分		
沟槽	14	$5\text{mm} \times 2\text{mm}$	两侧 $Ra3.2\mu\text{m}$	3/2	超差、降级无分		
长度	15	88mm、55mm、25mm		各2	超差无分		
	16	23mm、15mm、10mm		各2	超差无分		
	17	$(15 \pm 0.05)\text{mm}$		3	超差无分		
其他	18	倒角		2	不符合无分		
	19	未注倒角		2	不符合无分		
	20	安全操作规程			每次违反扣 10 分		

（续）

检测项目	技术要求	配分	评分标准	检测结果	得分
总　配　分		100	总　得　分		

零件名称			图号		加工日期 年　月　日	
加工开始　　时　　分	停工时间　　　　min		加工 时间	检测		
加工结束　　时　　分	停工原因		实际 时间	评分		

样卷二　数控车工职业技能（中级）考核试卷02

一、理论知识试卷

（一）单项选择题（第1题～第40题，选择一个正确的答案，将相应的字母填入题内的括号中，每题2分，满分80分）

1. 遵守法律法规不要求（　　）。
   A. 遵守国家法律和政策
   B. 遵守劳动纪律
   C. 遵守安全操作规程
   D. 延长劳动时间

2. 关于局部视图，下列说法错误的是（　　）。
   A. 对称机件的视图可只画一半或四分之一，并在对称中心线的两端画两条与其垂直的平行细实线。
   B. 局部视图的断裂边界以波浪线表示，当它们所表示的局部结构是完整的，且外轮廓封闭时，波浪线可省略不画。
   C. 画局部视图时，一般在局部视图上方标出视图的名称"A"，在相应的视图附近用箭头指明投影方向，并注上同样的字母。
   D. 当局部视图按投影关系配置时，可省略标注。

3. 一般合金钢淬火的冷却介质为（　　）。
   A. 盐水　　　　　B. 油　　　　　C. 水　　　　　D. 空气

4. 立铣刀主要用于加工沟槽、台阶和（　　）等。
   A. 内孔　　　　　B. 平面　　　　　C. 螺纹　　　　　D. 曲面

5. 车床主轴的工作性能有（　　）、刚度、热变形性、抗振性等。
   A. 回转精度　　　B. 硬度　　　　　C. 强度　　　　　D. 塑性

6. 錾子一般由碳素工具钢锻成，经热处理后使其硬度达到（　　）。
   A. HRC40～55　　B. HRC55～65　　C. HRC56～62　　D. HRC65～75

7. 变压器的变比为（　　）。
   A. 输入电源和输出电流之比
   B. 一次侧匝数与二次侧匝数之比
   C. 输出功率和输入功率之比
   D. 输入阻抗和输出阻抗之比

8. 磨头主轴零件的材料一般是（　　）。
   A. 40Gr　　　　　B. 45钢　　　　　C. 65Mn　　　　　D. 38CrMnAl

9. 零件图中的B3表示中心孔为（　　）型，中心圆柱部分直径为（　　）。
   A. A，3mm　　　B. B，3mm　　　C. A，0.3mm　　　D. B，0.3mm

10. 通过分析装配图，可以掌握该部件的形状结构，彻底了解（　　）的组成情况，弄懂各零件的相互位置、传动关系及部件的工作原理，想象出各主要零件的结构形状。
    A. 零部件　　　B. 装配体　　　C. 位置精度　　　D. 相互位置

11. 为了增大装夹时的接触面积，可采用特质的软爪和（　　），这样可使夹紧力分布均匀，减小工件的变形。

  A. 套筒   B. 夹具   C. 开缝套筒   D. 定位销

12. 长方体工件的侧面靠在两个支撑点上，限制（ ）个自由度。

  A. 三   B. 两   C. 一   D. 四

13. 高速钢车刀的耐热性较差，不适宜（ ）车削。

  A. 低速   B. 高速   C. 变速   D. 正反车

14. 刀具的（ ）要符合要求，以保证良好的切削性能。

  A. 几何特性   B. 几何角度   C. 几何参数   D. 尺寸

15. 机床坐标系是机床固有的坐标系，其坐标轴的方向、原点在设计和调试机床时已确定，是（ ）的。

  A. 移动   B. 可变   C. 可用   D. 不可变

16. 跟刀架的种类有两爪跟刀架和（ ）跟刀架。

  A. 三爪   B. 一爪   C. 铸铁   D. 铜

17，偏心工件在四爪单动卡盘上装夹时，按划线找正偏心部分（ ）和主轴轴线重合后，才可以加工。

  A. 连线   B. 端面   C. 外圆   D. 轴线

18. 对于较大的曲轴，一般都在其两端留（ ）轴颈，或装上偏心夹板。在工艺轴颈上或偏心夹板上钻出主轴颈和曲轴颈的中心孔。

  A. 设计   B. 中心   C. 主   D. 工艺

19. 梯形螺纹车刀的材料主要有硬质合金和（ ）钢两种。

  A. 高锰   B. 高速   C. 中碳   D. 不锈

20. 粗车螺距大于4mm的梯形螺纹时，可采用（ ）切削法或车直槽法。

  A. 左右   B. 直进   C. 前后   D. 自动

21. 锯齿形螺纹同（ ）螺纹的车削方法相似，所要注意的是锯齿形螺纹车刀的刀尖不对称，刃磨时不能磨反。

  A. 圆锥   B. 圆弧   C. 三角   D. 梯形

22. 测量连接盘的量具有：游标卡尺、金属直尺、千分尺、塞尺、（ ）尺、内径百分表等。

  A. 深度   B. 高度   C. 游标万能角度 D. 直角

23. 立式车床由于工件及工作台的重量由车床（ ）或推力轴承承担，从而大大减轻了立柱及主轴轴承的负载，因此能长期保证机床的精度。

  A. 主轴   B. 导轨   C. 夹具   D. 附件

24. 粗车时，使蜗杆牙型基本成形；精车时，保证齿形螺距和（ ）尺寸。

  A. 角度   B. 外径   C. 公差   D. 法向齿厚

25. 在下列叙述中，（ ）是数控车床进给传动装置的优点之一。

  A. 低负荷   B. 低摩擦阻力   C. 低传动比   D. 低零漂

26. 在数控车削加工中，如果工件为回转体，并且需要进行二次装夹，应采用（ ）卡盘装夹。

  A. 三爪自定心硬爪   B. 四爪单动硬爪

C. 三爪自定心软爪 D. 四爪单动软爪

27. 制订加工方案的一般原则为先粗后精、先近后远、先内后外，（   ），进刀路线最短及特殊情况特殊处理。

A. 将复杂轮廓简化成简单轮廓 B. 程序段较少

C. 将手工编程改成自动编程 D. 将空间曲线转化为平面曲线

28. 在粗车悬伸较长的轴类零件时，如果切削余量较大，可以采用（   ）的方式进行加工，以防止工件发生较大的变形。

A. 大进给量 B. 高转速 C. 循环除去余量 D. 以上都可以

29. 数控车床的操作，一般有点动（JOG）模式、自动（AUTO）模式、手动数据输入（MDI）模式，在运行已经调试好的程序时，通常采用（   ）模式。

A. 点动（JOG） B. 自动（AUTO）

C. 手动数据输入（MDI） D. 单段运行

30. 在使用 G00 指令时，应注意（   ）。

A. 在程序中设置刀具移动速度 B. 刀具的实际移动路线不一定是一条直线

C. 移动的速度应比较慢 D. 一定有两个坐标轴同时移动

31. 在车削加工中，加工圆弧的圆心角一般应小于（   ），否则会出现干涉现象。

A. 45° B. 90° C. 135° D. 180°

32. 车床车削精度的检查，实质上是对车床几何精度和（   ）精度在车削加工条件下的一项综合检查。

A. 运动 B. 主轴 C. 刀具 D. 定位

33. 零件的机械加工精度主要包括（   ）。

A. 机床精度、几何形状精度、相对位置精度

B. 尺寸精度、几何形状精度、相对位置精度

C. 尺寸精度、定位精度、相对位置精度

D. 尺寸精度、几何形状精度、装卡精度

34. 闭环进给伺服系统与半闭环进给伺服系统的主要区别在于（   ）。

A. 位置控制器 B. 控制对象 C. 伺服单元 D. 检测单元

35. 在下列零件中，除（   ）类零件外，均适宜用数控车床加工。

A. 轮廓形状复杂的轴 B. 精度要求高的盘套

C. 各种螺旋回转 D. 多孔系的箱体

36. 夹紧力的方向应尽量垂直于主要定位基准面，同时应尽量与（   ）方向一致。

A. 退刀 B. 振动 C. 换刀 D. 切削

37. 有些数控系统分别采用（   ）和（   ）来表示绝对尺寸编程和增量尺寸编程。

A. XYZ，ABC B. XYZ，IJK C. XYZ，UVW D. ABC，UVW

38. G96 指令用于（   ）。

A. 设定主轴的转速 B. 设定进给量的数值

C. 设定恒线速度切削 D. 限定主轴的转速

39. 在数控车削加工中，如果（   ），可以使用固定循环。

A. 加工余量较大，不能一刀加工完成 B. 加工余量不大

C. 加工比较麻烦   D. 加工程序比较复杂

40. G41 指令是指（   ）。

A. 刀具半径左补偿   B. 刀具半径右补偿

C. 取消刀具半径补偿   D. 不取消刀具半径补偿

（二）判断题（第 41 题～第 60 题，将判断结果填入括号中，正确的填"√"，错误的填"×"，每题 1 分，满分 20 分）

41. 在操作数控车床时，应穿着的劳保用品包括：安全帽、工作服、劳保鞋。（   ）

42. 用三针法测量螺纹时，必须使量针外圆和中径牙侧相切。（   ）

43. 渗碳的目的是使低碳钢表面层的含碳量增加，在淬火后获得较高的硬度。（   ）

44. 精车刀的前角和后角不能取得较大。（   ）

45. 采用一夹一顶加工轴时，共限制六个自由度，这种定位属于完全定位。（   ）

46. 精车时，刃倾角应取负值。（   ）

47. 精车时，切削速度不要选得太高，也不要选得太低。（   ）

48. 千分表的测量杆上不要加油，以免影响千分表的灵敏度。（   ）

49. 工件在夹具中定位时，必须限制六个自由度。（   ）

50. 圆度公差是控制圆柱（锥）横截面形状误差的指标。（   ）

51. 切削速度过快是产生积屑瘤的主要因素。（   ）

52. 为防止工件变形，夹紧部位要与支承件对应，不能在工件悬空处夹紧。（   ）

53. 车削细长轴时，产生"竹节形"的原因主要是跟随刀架的支承爪压得过紧。

（   ）

54. 由于固定顶尖的精度高于回转顶尖，因此在粗车细长轴时使用固定顶尖效果更好。

（   ）

55. 数控车床坐标系采用右手直角坐标系原则，旋转方向采用右手螺旋定则。（   ）

56. 使用快速定位指令 G00 时，刀具的运动轨迹可能是折线，因此，要注意防止出现刀具与工件的干涉现象。（   ）

57. 数控车床适宜加工轮廓形状特别复杂或难于控制尺寸的回转体零件、箱体类零件，精度要求高的回转体类零件、特殊的螺旋类零件等。（   ）

58. 加工偏心工件时，应保证偏心的中心与车床主轴的回转中心重合。（   ）

59. 程序校验与首件试切的作用是检查车床是否正常，以保证加工的顺利进行。（   ）

60. 进给速度由 F 指令决定，其单位为旋转进给率 mm/r。（   ）

参考答案

（一）单项选择题（第 1 题～第 40 题，选择一个正确的答案，将相应的字母填入题内的括号中，每题 2 分，满分 80 分）

1. D	2. D	3. B	4. D	5. A	6. C	7. B	8. A
9. B	10. B	11. C	12. B	13. B	14. B	15. D	16. A
17. D	18. D	19. B	20. A	21. D	22. C	23. B	24. D
25. A	26. C	27. A	28. C	29. B	30. B	31. D	32. A
33. B	34. D	35. D	36. D	37. C	38. C	39. A	40. A

（二）判断题（第 41 题～第 60 题，将判断结果填入括号中，正确的填"√"，错误的填"×"，每题 1 分，满分 20 分）

41. √　42. √　43. √　44. ×　45. ×　46. ×　47. ×　48. √

49. ×　50. √　51. √　52. √　53. √　54. ×　55. √　56. √

57. ×　58. √　59. ×　60. ×

二、操作技能试卷

1. 零件图

数控车工职业技能（中级）考核试卷 02 零件图如试卷图 2 所示。

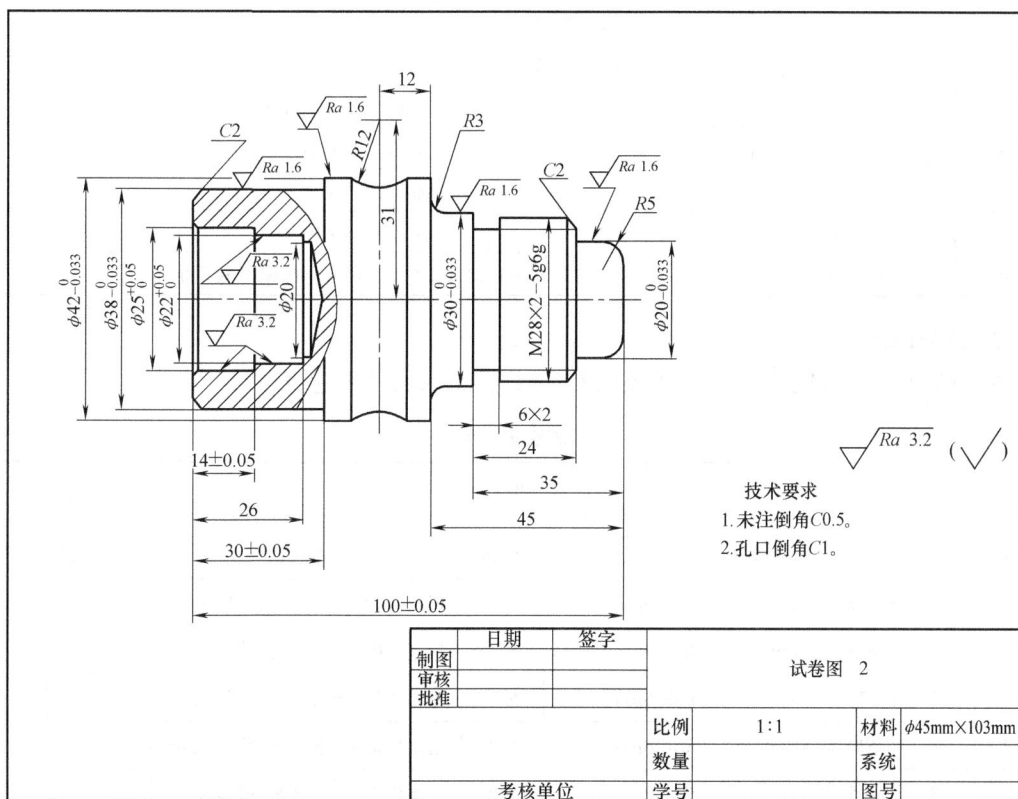

试卷图　2

2. 工具、量具、刀具、辅具准备清单

数控车工职业技能（中级）考核试卷 02 工具、量具、刀具、辅具准备清单见试卷表 3。

试卷表　3

序号	名　　称	规　　格	数量	备　　注
1	游标卡尺	0～150mm	1	
2	千分尺	0～25mm、25～50mm	各1	
3	螺纹千分尺	25～50mm	1	

（续）

序号	名　称	规　格	数量	备　注
4	半径样板	$R1 \sim R6.5mm$、$R7 \sim R15mm$	各1	
5	内径量表	$18 \sim 35mm$	1	
6	百分表及表座	$0 \sim 10mm$	1	
7		端面车刀	1	
8		外圆车刀	2	副偏角大于30°
9		三角形螺纹车刀	1	
10	刀具	切槽、切断车刀	1	宽$4 \sim 5mm$、长$25mm$
11		镗孔车刀	1	孔径$\phi20mm$，长$30mm$
12		钻头$\phi20mm$	1	
13		中心钻A3型	1	
14		垫片若干、油石、0.2mm厚铜皮等		
15	辅具	函数型计算器		
16		其他车工常用辅具		
17	材料	45钢，$\phi45mm \times 103mm$		
18	数控系统	SINUMERIK、FANUC或华中HNC数控系统		

3. 评分记录表

数控车工职业技能（中级）考核试卷02评分记录表见试卷表4。

试卷表　4

评分记录表

单位　　　　　　　　　　准考证号　　　　　　　　　　姓名

检测项目		技术要求		配分	评分标准	检测结果	得分
外圆	1	$\phi42_{-0.033}^{0}mm$	$Ra1.6\mu m$	5/2	超差0.01mm扣3分，降级无分		
	2	$\phi38_{-0.033}^{0}mm$	$Ra1.6\mu m$	5/2	超差0.01mm扣3分，降级无分		
	3	$\phi30_{-0.033}^{0}mm$	$Ra1.6\mu m$	5/2	超差0.01mm扣3分，降级无分		
	4	$\phi20_{-0.033}^{0}mm$	$Ra1.6\mu m$	5/2	超差0.01mm扣3分，降级无分		
内孔	5	$\phi25_{0}^{+0.05}mm$	$Ra3.2\mu m$	5/2	超差0.01mm扣3分，降级无分		
	6	$\phi22_{0}^{+0.05}mm$	$Ra3.2\mu m$	5/2	超差0.01mm扣3分，降级无分		
圆弧	7	$R12mm$	$Ra3.2\mu m$	3/2	超差、降级无分		
	8	$R5mm$	$Ra3.2\mu m$	3/2	超差、降级无分		
	9	$R3mm$	$Ra3.2\mu m$	3/2	超差、降级无分		
螺纹	10	$M28 \times 2-5g6g$	大径	3	超差无分		
	11	$M28 \times 2-5g6g$	中径	5	超差无分		
	12	$M28 \times 2-5g6g$	两侧$Ra3.2\mu m$	6	降级无分		
	13	$M28 \times 2-5g6g$	牙型角	4	不符合无分		
沟槽	14	$6mm \times 2mm$	两侧$Ra3.2\mu m$	2/2	超差、降级无分		

（续）

检测项目		技 术 要 求	配分	评分标准	检测结果	得分
长度	15	(100 ± 0.05) mm	3	超差无分		
	16	(30 ± 0.05) mm	3	超差无分		
	17	(14 ± 0.05) mm	3	超差无分		
	18	45mm,35mm,26mm,24mm	各2	超差无分		
其他	19	倒角	2	不符合无分		
	20	未注倒角	2	不符合无分		
	21	安全操作规程		每次违反扣10分		
总 配 分			100	总 得 分		

零件名称		图号		加工日期 年 月 日
加工开始 时 分	停工时间 min	加工时间	检测	
加工结束 时 分	停工原因	实际时间	评分	

样卷三 数控车工职业技能（中级）考核试卷03

一、理论知识试卷

（一）单项选择题（第1题～第40题，选择一个正确的答案，将相应的字母填入题内的括号中，每题2分，满分80分）

1. 职业道德基本规范不包括（　　）。
   A. 爱岗敬业忠于职守　　　　　　　　B. 服务群众奉献社会
   C. 搞好与他人的关系　　　　　　　　D. 遵纪守法廉洁奉公

2. 遵守法律法规要求（　　）。
   A. 积极工作　　　　　　　　　　　　B. 加强劳动协作
   C. 自觉加班　　　　　　　　　　　　D. 遵守安全操作规程

3. （　　）就是要求把自己职业范围内的工作做好。
   A. 爱岗敬业　　　B. 奉献社会　　　C. 办事公道　　　D. 忠于职守

4. 具有高度责任心不要求做到（　　）。
   A. 方便群众，注重形象　　　　　　　B. 责任心强，不辞辛苦
   C. 尽职尽责　　　　　　　　　　　　D. 工作精益求精

5. 不爱护设备的做法是（　　）。
   A. 定期拆装设备　　B. 正确使用设备　　C. 保持设备清洁　　D. 及时保养设备

6. 圆度误差用一般量具很难测量准确，必须使用的测量量具是（　　）。
   A. 千分尺　　　　　B. 钟面式百分表　　C. 圆度仪

7. 切削用量中对切削温度影响最大的是（　　）。
   A. 切削深度　　　　B. 进给量　　　　　C. 切削速度

8. 高速切削塑性材料时，若未采用适当的断屑措施，很容易形成（　　）切屑。
   A. 挤裂　　　　　　B. 蹦碎　　　　　　C. 带状

9. 车削时的车削热主要通过切屑和（　　）进行传导。
   A. 工件　　　　　　B. 刀具　　　　　　C. 周围介质

10. 刀具磨钝标准通常按（　　）的磨损（VB）值计算。
    A. 前刀面　　　　　B. 后刀面　　　　　C. 月牙洼深度

11. 在花盘角铁上加工工件时，为了避免旋转时偏重而影响精度，应注意（　　）。
    A. 转速不宜太高　　B. 必须用平衡铁平衡　C. 切削用量应选择小些

12. 用中心架支承工件车削内孔时，内孔出现倒锥度是由中心架偏向（　　）所造成。
    A. 操作者一方　　　B. 操作者对方　　　C. 高于中心

13. 车削细长轴时，为了避免发生振动，车刀的主偏角应取（　　）。
    A. 45°　　　　　　B. 60°～75°　　　　C. 80°～90°

14. 在加工直径较小的深孔时，一般采用（　　）进行加工。

A. 喷吸钻　　　　　　B. 枪孔钻　　　　　　C. 麻花钻

15. 车削多头螺纹用分度盘分线时，仅与螺纹（　　）有关，与其他参数无关。

A. 中径　　　　　　　B. 线数　　　　　　　C. 螺距

16. 液压缸的移动量及移动方向是靠（　　）阀控制的。

A. 单向　　　　　　　B. 溢流　　　　　　　C. 控制

17. 数控系统的主要任务是实现对（　　）的控制。

A. 运动　　　　　　　B. 位置　　　　　　　C. 测量

18. 伺服驱动装置是数控机床的（　　）机构。

A. 控制　　　　　　　B. 传动　　　　　　　C. 执行

19. 近期生产的数控车床所采用的一般是闭环控制系统。闭环控制系统与开环控制系统最大的差别在于（　　）。

A. 主轴伺服驱动装置中装有检测装置

B. 数控系统中设有检测控制程序

C. 进给伺服驱动系统中装有位置检测装置

20. 数控机床的核心是（　　）。

A. 伺服系统　　　　B. 数控系统　　　　C. 反馈系统　　　　D. 传动系统

21. 数控机床与普通机床的机构最大的不同是数控机床的机构采用（　　）。

A. 数控装置　　　　B. 滚动导轨　　　　C. 滚珠丝杠

22. 在数控机床坐标系中，平行于机床主轴的直线运动为（　　）轴。

A. X　　　　　　　B. Y　　　　　　　C. Z

23. 辅助功能中与主轴有关的 M 指令是（　　）。

A. M06　　　　　B. M09　　　　　C. M08　　　　　D. M05

24. 数控车床与卧式车床在结构上差别最大的部件是（　　）。

A. 主轴箱　　　　B. 床身　　　　C. 进给传动装置　　　　D. 刀架

25. 数控机床能成为当前制造业最重要的加工设备是因为（　　）。

A. 自动化程度高　　　　B. 人对加工过程的影响减少到最低

C. 柔性大，适应性强

26. 数控机床的标准坐标系是以（　　）来确定的。

A. 右手直角笛卡儿坐标系　　　　　B. 绝对坐标系　　　　C. 相对坐标系

27. 通常数控系统除了直线插补外，还有（　　）。

A. 正弦插补　　　　B. 圆弧插补　　　　C. 抛物线插补

28. 数控车床的 F 功能常以（　　）为单位。

A. m/min　　　　B. mm/min 或 mm/r　　　　C. m/r

29. G00 指令与下列的（　　）指令不是同一组的。

A. G01　　　　B. G02，G03　　　　C. G04

30. 步进电动机的转速是通过改变电动机的（　　）而实现的。

A. 脉冲频率　　　　B. 脉冲速度　　　　C. 通电顺序

31. 如果数控系统没有刀具半径补偿功能，在加工圆锥体时可能（　　）。

A. 有欠切或过切现象　　　　　　　B. 无欠切或过切现象

C. 不能加工出合格的圆锥体

32. 用两顶尖装夹车削细长轴时，（   ）找正尾座的中心位置。

A. 必须   B. 不必   C. 可找可不

33. 精车细长轴时选用的切削用量与粗车时相比，应该是（   ）。

A. 小 f、小 V_c、小 a_p B. 小 f、小 V_c、大 a_p

C. 小 f、大 V_c、小 a_p

34. 长度与直径之比大于（   ）的轴类零件称为细长轴。

A. 5   B. 25   C. 50

35. 在三爪自定心卡盘上车削偏心工件时，选择硬度较高的材料作为垫块是为了防止（   ）。

A. 装夹时变形   B. 夹不紧工件   C. 夹伤工件

36. 在 V 形架上测量偏心距时（   ）方式。

A. 仅有一种   B. 分两种   C. 分多种

37. 车削薄壁工件的外圆车刀和内孔精车刀的（   ）应基本相同。

A. 主偏角   B. 副偏角   C. 后角

38. 弹性胀力心轴（   ）车削薄壁套外圆。

A. 不适宜   B. 最适宜   C. 仅适宜粗

39. 深孔钻加工的关键技术是（   ）。

A. 深孔钻的几何形状和冷却、排屑问题

B. 刀具在内部切削，无法观察

C. 刀具细长、刚性差、磨损快

40. 从（   ）卡可以反映出工件的定位、夹紧及加工表面。

A. 工艺过程   B. 工艺   C. 工序

（二）判断题（第 41 题 ~ 第 60 题，将判断结果填入括号中，正确的填"√"，错误的填"×"，每题 1 分，满分 20 分）

41. 机床参考点在机床上是一个浮动的点。   （   ）

42. 选择数控车床用的可转位车刀时，钢和不锈钢属于同一工件材料组。（   ）

43. 由于数控机床的先进性，任何零件均适合在数控机床上加工。（   ）

44. G00 快速点定位指令可控制刀具沿直线快速移动到目标位置。（   ）

45. 用线段或圆弧段去逼近非圆曲线，逼近线段与被加工曲线的交点称为基点。（   ）

46. 数控机床的机床坐标原点和机床参考点是重合的。（   ）

47. 外圆粗车循环方式适于加工已基本铸造或锻造成形的工件。（   ）

48. 数控车床的刀具补偿功能包括刀尖半径补偿与刀具位置补偿。（   ）

49. 固定循环是预先给定一系列操作，用来控制机床的位移或主轴的运转。（   ）

50. 外圆粗车循环方式适于加工棒料毛坯除去较大余量的切削。（   ）

51. 在恒转速条件下车削端面时，切削速度是变化的。（   ）

52. 静电对数控机床是有害的。（   ）

53. 机构就是具有相对运动构件的组合。（   ）

54. 螺纹传动不但传动平稳，而且能传递较大的动力。（   ）

55. 对于转塔式数控车床，选刀和换刀是同时进行的。 （　　）

56. 金刚石刀具可用于有色金属的精加工。 （　　）

57. 在同一加工程序中，允许绝对值方式和增量方式组合运用。 （　　）

58. 粗基准只能使用一次。 （　　）

59. 辅助支承不起消除自由度的使用，它主要用来承受工件重力、夹紧力或切削力。 （　　）

60. 某一零件的实际偏差越大，其加工误差也越大。 （　　）

参考答案

（一）单项选择题（第 1 题～第 40 题，选择一个正确的答案，将相应的字母填入题内的括号中，每题 2 分，满分 80 分）

1. C	2. D	3. D	4. A	5. A	6. C	7. C	8. C	9. C
10. B	11. B	12. A	13. B	14. B	15. B	16. C	17. B	18. B
19. C	20. B	21. C	22. C	23. D	24. C	25. B	26. A	27. B
28. B	29. C	30. A	31. A	32. A	33. C	34. C	35. A	36. B
37. C	38. B	39. A	40. C					

（二）判断题（第 41 题～第 60 题，将判断结果填入括号中，正确的填"√"，错误的填"×"，每题 1 分，满分 20 分）

41. ×	42. ×	43. ×	44. ×	45. ×	46. ×	47. ×	48. √	49. √	50. √
51. √	52. √	53. ×	54. √	55. √	56. √	57. √	58. √	59. √	60. ×

二、操作技能试卷

1. 零件图

数控车工职业技能（中级）考核试卷 03 零件图如试卷图 3 所示。

2. 工具、量具、刀具、辅具准备清单

数控车工职业技能（中级）考核试卷 03 工具、量具、刀具、辅具准备清单见试卷表 5。

试卷表 5

序号	名　称	规　格	数量	备　注
1	游标卡尺	0～150mm	1	
2	千分尺	0～25mm、25～50mm	各 1	
3	螺纹千分尺	25～50mm	1	
4	半径样板	R1～R6.5mm、R7～R15mm	各 1	
5	内径量表	18～35mm	1	
6	百分表及表座	0～10mm	1	
7	刀具	端面车刀	1	
8		外圆车刀	2	副偏角大于 30°
9		三角形螺纹车刀	1	
10		切槽、切断车刀	1	宽 4～5mm，长 25mm

（续）

序号	名　称	规　格	数量	备　注
11		镗孔车刀	1	孔径 $\phi20$mm，长 30mm
12	刀具	钻头 $\phi20$mm	1	
13		中心钻 A3 型	1	
14		垫片若干、油石、0.2mm 厚铜皮等		
15	辅具	函数型计算器		
16		其他车工常用辅具		
17	材料	45 钢，$\phi45$mm×103mm		
18	数控系统	SINUMERIK、FANUC 或华中 HNC 数控系统		

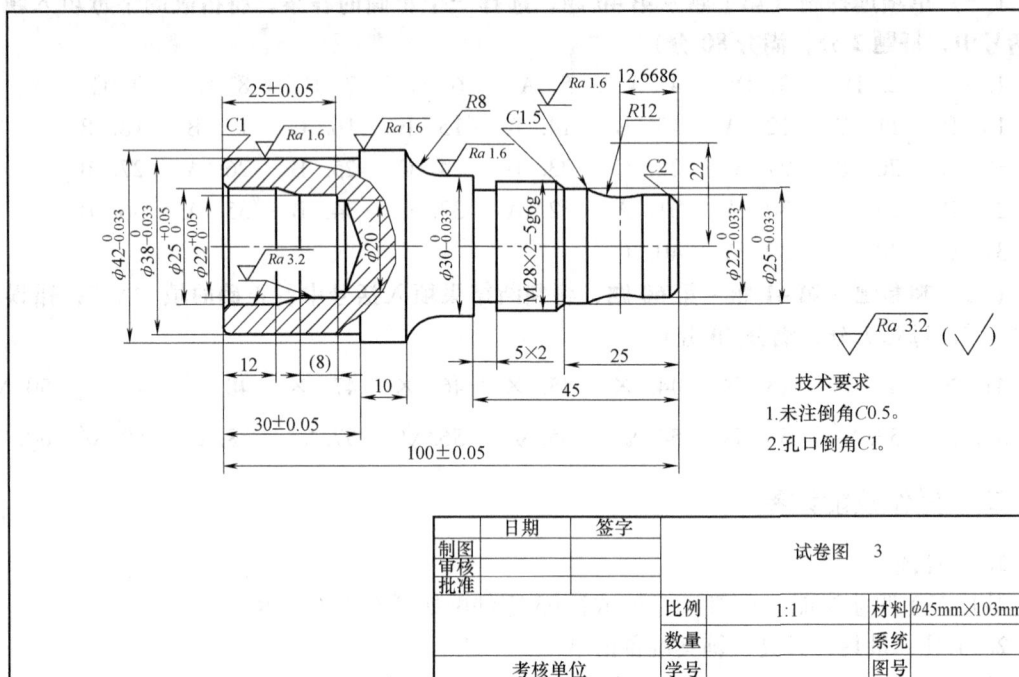

试卷图　3

3. 评分记录表

数控车工职业技能（中级）考核试卷 03 评分记录表见试卷表　6。

试卷表　6

评分记录表

单位		准考证号		姓名			
检测项目		技 术 要 求	配分	评分标准		检测结果	得分
外圆	1	$\phi42_{-0.033}^{\ \ 0}$mm　　$Ra1.6\mu$m	5/2	超差 0.01mm 扣 3 分,降级无分			
	2	$\phi38_{-0.033}^{\ \ 0}$mm　　$Ra1.6\mu$m	5/2	超差 0.01mm 扣 3 分,降级无分			
	3	$\phi30_{-0.033}^{\ \ 0}$mm　　$Ra1.6\mu$m	5/2	超差 0.01mm 扣 3 分,降级无分			
	4	$\phi25_{-0.033}^{\ \ 0}$mm　　$Ra1.6\mu$m	5/2	超差 0.01mm 扣 3 分,降级无分			
	5	$\phi22_{-0.033}^{\ \ 0}$mm　　$Ra1.6\mu$m	5/2	超差 0.01mm 扣 3 分,降级无分			

（续）

检测项目		技 术 要 求		配分	评分标准	检测结果	得分
圆弧	6	$R12mm$	$Ra3.2\mu m$	4/2	超差、降级无分		
	7	$R8mm$	$Ra3.2\mu m$	4/2	超差、降级无分		
内孔	8	$\phi25^{+0.05}_{0}mm$	$Ra3.2\mu m$	5/2	超差 0.01mm 扣 3 分、降级无分		
	9	$\phi22^{+0.05}_{0}mm$	$Ra3.2\mu m$	5/2	超差 0.01mm 扣 3 分、降级无分		
螺纹	10	$M28\times2\text{-}5g6g$	大径	2	超差无分		
	11	$M28\times2\text{-}5g6g$	中径	5	超差无分		
	12	$M28\times2\text{-}5g6g$	两侧 $Ra3.2\mu m$	6	降级无分		
	13	$M28\times2\text{-}5g6g$	牙型角	4	不符合无分		
沟槽	14	$5mm\times2mm$	两侧 $Ra3.2\mu m$	2/2	超差、降级无分		
长度	15	$(100\pm0.05)mm$		2	超差无分		
	16	$(30\pm0.05)mm$		2	超差无分		
	17	$(25\pm0.05)mm$		2	超差无分		
	18	$45mm,25mm,12mm,10mm$		各 2	超差无分		
其他	19	倒角		2	不符合无分		
	20	未注倒角		2	不符合无分		
	21	安全操作规程			每次违反扣 10 分		
	总 配 分			100	总 得 分		

零件名称				图号		加工日期　年　月　日	
加工开始　　时　　分		停工时间　　　min		加工时间		检测	
加工结束　　时　　分		停工原因		实际时间		评分	

样卷四 数控车工职业技能（中级）考核试卷 04

一、理论知识试卷

（一）单项选择题（第 1 题～第 40 题，选择一个正确的答案，将相应的字母填入题内的括号中，每题 2 分，满分 80 分）

1. 灰铸铁 HT200 中的数字 200 表示该牌号灰铸铁的（　　）强度最低值（MPa）。
　A. 抗拉　　　　　　　B. 屈服　　　　　　　C. 疲劳　　　　　　　D. 抗弯

2. 车床的主运动是（　　）。
　A. 工件的旋转运动　　　　　　　　　B. 刀具的横向进给
　C. 刀具的纵向进给

3. 工件加工后测量所得的尺寸与规定不一致时，其差值是尺寸（　　）。
　A. 公差　　　　　　　B. 偏差　　　　　　　C. 误差

4. 在数控程序中，G00 指令命令刀具快速到位，但是在应用时（　　）。
　A. 必须有地址指令　　B. 不需要地址指令　　C. 地址指令可有可无

5. 在车床上加工轴类零件，用三爪自定心卡盘安装工件，其定位是（　　）点定位。
　A. 六　　　　　　　　B. 五　　　　　　　　C. 四　　　　　　　　D. 七

6. 车削精加工时，最好不选用（　　）。
　A. 低浓度乳化液　　　B. 高浓度乳化液　　　C. 切削油

7. 下列代号中（　　）代表自动车床，（　　）代表半自动车床。
　A. ZC　　　　　　　B. CB　　　　　　　C. BZC　　　　　　D. CZ　　　　　　E. ZDC

8. 单轴转塔自动车床的辅助运动是由（　　）控制的。
　A. 连杆机构　　　　　B. 凸轮机构　　　　　C. 液压缸　　　　　　D. 伺服电动机

9. 一般情况下，淬火介质要用普通水，若误用油，就会有（　　）的缺陷产生。
　A. 严重变形　　　　　B. 硬度过高　　　　　C. 硬度不足

10. （　　）属于安全电压。
　A. 对地电压在 250V 以上　　　　　　B. 对地电压为 250V
　C. 对地电压在 40V 以下

11. 表示数据集中位置的特征是（　　）。
　A. R　　　　　　　　B. S　　　　　　　　C. X 非

12. 推动 PDCA 循环的关键在于（　　）阶段。
　A. P　　　　　　　　B. C　　　　　　　　C. A

13. 人们习惯上称的"黄油"是指（　　）基润滑脂。
　A. 钠　　　　　　　　B. 铝　　　　　　　　C. 钙　　　　　　　　D. 烃

14. 对于复杂系数为 10F 以上的设备，使用（　　）h 后应进行一保，使用（　　）h 后应进行二保。

A. 200～300   B. 500～600   C. 1000～1200

D. 2500～3500   E. 5000～6000

15. 直方图出现瘦型是因为（   ）。

A. 工序能力不足   B. 工序能力过剩   C. 分布中心偏离公差中心

16. 热处理后进行机械加工的钢的最佳硬度值为（   ）。

A. HRC55   B. HRC40   C. HRC24   D. HRC10

17. 一般固态金属都是（   ）。

A. 晶体   B. 晶格   C. 晶粒

18. 材料热处理的淬火代号是（   ）。

A. T   B. C   C. Z   D. S

19. 麻花钻头的圆锥角为（   ）。

A. 135°   B. 118°   C. 150°

20. 技术测量中常用的单位是微米（μm），$1\mu m = 1 \times 10^{-6}m =$（   ）mm。

A. 0.1   B. 0.01   C. 0.001

21. 有一工件标注为 $\phi 10cd7$，其中 cd7 表示（   ）公差代号。

A. 轴   B. 孔   C. 配合

22. 可能有间隙也可能有过盈的配合称为（   ）配合。

A. 过盈   B. 间隙   C. 过渡

23. 车刀伸出的合理长度一般为刀杆厚度的（   ）倍。

A. 1.5～3   B. 1～1.5   C. 0.5～1

24. 车削端面时，当刀尖中心低于工件中心时，易产生（   ）的缺陷。

A. 表面粗糙度值太高 B. 端面出现凹面   C. 中心处有凸面

25. 精度等级为 G 的可转位刀片为（   ）级。

A. 精密   B. 中等   C. 普通

26. 表示固定循环功能的代码为（   ）。

A. G80   B. G83   C. G94   D. G02

27. 静平衡的实质是（   ）。

A. 力矩平衡   B. 力平衡   C. 重量平衡

28. 当被测要素遵循（   ）原则时，其实际状态遵循的理想界限为最大实体边界。

A. 独立   B. 包容   C. 最大实体

29. 内径百分表是一种利用了（   ）测量法的仪表。

A. 间接   B. 直接   C. 比较

30. 在 V 带型号中，（   ）型传递的功率最大，（   ）型传递的功率最小。

A. O   B. A   C. B   D. F

31. 齿轮传动效率比较高，一般圆柱齿轮的传动效率可达（   ）%。

A. 50   B. 90   C. 98

32. 有一个 20Ω 的电阻，它在 30mm 内消耗的电能为 1kWh，则通过电阻的电流为（   ）A。

A. 20   B. 18   C. 36   D. 10

33. 某一正弦交流电压的周期是 0.01s，则其频率为（　　　）Hz。

A. 60　　　　　　　　B. 50　　　　　　　　C. 100

34. 在交流输配电系统中，向远距离输送一定的电功率都采用（　　　）输电方法。

A. 高压电　　　　　　B. 低压电　　　　　　C. 中等电压电

35. 用电流表测量电流时，应将电流表与被测电路连接成（　　　）方式。

A. 串联　　　　　　　B. 并联　　　　　　　C. 串联或并联

36. 现代数控机床的进给工作电动机一般都采用（　　　）。

A. 异步电动机　　　　B. 伺服电动机　　　　C. 步进电动机

37. 用直角尺测量两平面的垂直度时，只能测出（　　　）的垂直度。

A. 线对线　　　　　　B. 面对面　　　　　　C. 线对面

38. 含碳量小于 0.77% 的铁碳合金，在无限缓慢冷却时，奥氏体转变为铁素体的开始温度是（　　　）。

A. Ar_1　　　　　　B. Ar_{cm}　　　　　　C. Ar_3　　　　　　D. Ar_2

39. 车削长轴时，出现双曲线误差的原因是（　　　）。

A. 车刀刀尖不规则　　B. 车床滑板有间隙　　C. 车刀没有对准工件中心

40. 在外圆车削中，切削力 P 与各分力 P_x、P_y、P_z 之间的关系是（　　　）。

A. $P = P_x + P_y + P_z$　　B. $P^2 = P_x^2 + P_y^2 + P_z^2$　　C. $P = \sqrt{P_x + P_y + P_z}$

（二）判断题（第 41 题～第 60 题，将判断结果填入括号中，正确的填"√"，错误的填"×"，每题 1 分，满分 20 分）

41. 圆度公差是控制圆柱面横截面形状误差的指标。（　　　）

42. 为了减小工件的变形，薄壁工件不能采用轴向夹紧的方法。（　　　）

43. 工艺规程制订得是否合理，将直接影响工件的质量、劳动生产率及经济效益。（　　　）

44. 粗基准因精度要求不变，所以可重复使用。（　　　）

45. 调质一般安排在粗加工之后，半精加工之前进行。（　　　）

46. G 指令是使控制器和机床按工艺要求顺序动作的编程代码，M 指令是使控制器进行辅助加工的编程代码。（　　　）

47. 当车床低速开动时，可测量工件。（　　　）

48. 工厂机床动力配线一般为三相四线制，其中线电压为 220V，相电压为 380V。（　　　）

49. 车床进行粗加工时，产生的热量大，应选择以冷却为主的乳化液以减少刀具的磨损。（　　　）

50. 在多轴自动车床中，第二主参数表示最大工件长度。（　　　）

51. 永久性失能伤害是指伤害及中毒者全部或某些器官部分功能不可逆的丧失的伤害。（　　　）

52. 当工序能力指数为 1.33≥CP >1 时，表示生产处于控制状态。（　　　）

53. 在给定双向公差，质量数据分布中心和公差中心（M）一致时，应计算工序能力指数 CPK。（　　　）

54. 热处理必须进行加热和冷却，它是一种物理变化过程。（　　　）

55. 普通钢件在加热温度过高时，会出现晶粒长大，钢件变脆的现象。 （ ）

56. 同一机床上使用的刀杆厚度应相同。 （ ）

57. 在某些情况下，螺纹车刀的刀尖可适当高于零件的中心。 （ ）

58. 辅助性工艺指令在程序中是可有可无的。 （ ）

59. 机床的分辨率越高，其加工精度越高。 （ ）

60. 对刀点与换刀点是同一概念。 （ ）

参考答案

（一）单项选择题（第1题～第40题，选择一个正确的答案，将相应的字母填入题内的括号中，每题2分，满分80分）

1. A　2. A　3. C　4. A　5. C　6. A　7. B　8. B　9. C

10. C　11. C　12. C　13. C　14. B　15. B　16. C　17. A　18. B

19. B　20. C　21. A　22. C　23. B　24. C　25. A　26. B　27. B

28. B　29. C　30. A　31. C　32. D　33. C　34. A　35. A　36. B

37. B　38. C　39. C　40. B

（二）判断题（第41题～第60题，将判断结果填入括号中，正确的填"√"，错误的填"×"，每题1分，满分20分）

41. √　42. ×　43. √　44. ×　45. √　46. ×　47. ×

48. ×　49. √　50. ×　51. ×　52. √　53. ×　54. √

55. √　56. √　57. √　58. ×　59. ×　60. ×

二、操作技能试卷

1. 零件图

数控车工职业技能（中级）考核试卷04零件图如试卷图4所示。

2. 工具、量具、刀具、辅具准备清单

数控车工职业技能（中级）考核试卷04工具、量具、刀具、辅具准备清单见试卷表7。

试卷表 7

序号	名　称	规　格	数量	备　注
1	游标卡尺	0～150mm	1	
2	千分尺	0～25mm、25～50mm	各1	
3	螺纹千分尺	25～50mm	1	
4	半径样板	$R1～R6.5$mm、$R7～R15$mm	各1	
5	内径量表	18～35mm	1	
6	百分表及表座	0～10mm	1	
7		端面车刀	1	
8	刀具	外圆车刀	2	副偏角大于30°
9		三角形螺纹车刀	1	

（续）

序号	名　称	规　格	数量	备　注
10	刀具	切槽、切断车刀	1	宽 4～5mm、长 25mm
11		镗孔车刀	1	孔径 $\phi20$mm，长 30mm
12		钻头 $\phi20$mm	1	
13		中心钻 A3 型	1	
14	辅具	垫片若干、油石、0.2mm 厚铜皮等		
15		函数型计算器		
16		其他车工常用辅具		
17	材料	45 钢，$\phi45$mm×103mm		
18	数控系统	SINUMERIK、FANUC 或华中 HNC 数控系统		

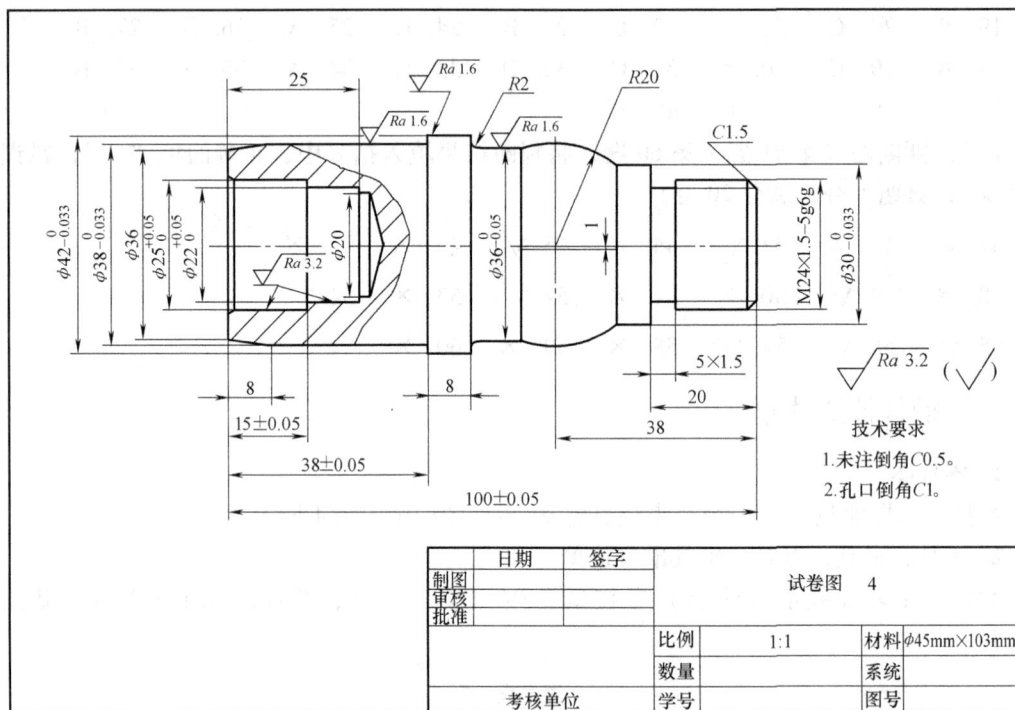

试卷图　4

3. 评分记录表

数控车工职业技能（中级）考核试卷04评分记录表见试卷表 8。

试卷表 8

		评分记录表					
单位			准考证号		姓名		
检测项目		技　术　要　求		配分	评分标准	检测结果	得分
外圆	1	$\phi42_{-0.033}^{\ 0}$ mm	$Ra1.6\mu$m	5/2	超差 0.01mm 扣 3 分，降级无分		
	2	$\phi38_{-0.033}^{\ 0}$ mm	$Ra1.6\mu$m	5/2	超差 0.01mm 扣 3 分，降级无分		

（续）

检测项目		技 术 要 求		配分	评分标准	检测结果	得分
外圆	3	$\phi36_{-0.05}^{0}$ mm	$Ra1.6\mu m$	5/2	超差 0.01mm 扣 3 分,降级无分		
	4	$\phi30_{-0.033}^{0}$ mm	$Ra1.6\mu m$	5/2	超差 0.01mm 扣 3 分,降级无分		
内孔	5	$\phi25_{0}^{+0.05}$ mm	$Ra3.2\mu m$	5/2	超差 0.01mm 扣 3 分,降级无分		
	6	$\phi22_{0}^{+0.05}$ mm	$Ra3.2\mu m$	5/2	超差 0.01mm 扣 3 分,降级无分		
圆弧	7	$R20$mm	$Ra3.2\mu m$	5/2	超差、降级无分		
	8	$R2$mm	$Ra3.2\mu m$	5/2	超差、降级无分		
螺纹	9	M24×1.5-5g6g	大径	3	超差无分		
	10	M24×1.5-5g6g	中径	5	超差无分		
	11	M24×1.5-5g6g	两侧 $Ra3.2\mu m$	6	降级无分		
	12	M24×1.5-5g6g	牙型角	4	不符合无分		
沟槽	13	5mm×1.5mm	两侧 $Ra3.2\mu m$	2/2	超差、降级无分		
长度	14	(100±0.05)mm		3	超差无分		
	15	(15±0.05)mm		3	超差无分		
	16	(38±0.05)mm		3	超差无分		
	17	38mm,25mm,20mm,8mm		各2	超差无分		
其他	18	C1.5		3	不符合无分		
	19	未注倒角		2	不符合无分		
	20	安全操作规程			每次违反扣 10 分		
总　配　分				100	总　得　分		

零件名称		图号		加工日期 年　月　日
加工开始　　时　　分	停工时间　　　　min·	加工 时间	检测	
加工结束　　时　　分	停工原因	实际 时间	评分	

样卷五　数控车工职业技能（中级）考核试卷 05

一、理论知识试卷

（一）单项选择题（第 1 题～第 40 题，选择一个正确的答案，将相应的字母填入题内的括号中，每题 2 分，满分 80 分）

1. 车床的主运动是指（　　）。
   A. 车床进给箱的运动
   B. 车床尾座的运动
   C. 车床主轴的转动
   D. 车床电动机的转动

2. 车床主运动的单位为（　　）。
   A. mm/r
   B. m/r
   C. mm/min
   D. r/min

3. 数控机床采用（　　）坐标系。
   A. 笛卡儿左手
   B. 笛卡儿右手
   C. 极
   D. 球面

4. 数控机床的机床坐标系是由车床的（　　）。
   A. 设计者建立的，车床的使用者不能进行修改
   B. 使用者建立的，车床的设计者不能进行修改
   C. 设计者建立的，车床的使用者可以进行修改
   D. 使用者建立的，车床的设计者可以进行修改

5. 数控车床通常是由（　　）等几大部分组成的。
   A. 电动机、主轴箱、溜板箱、尾座、床身
   B. 机床主体、主轴箱、溜板箱、尾座、床身
   C. 机床主体、控制系统、驱动系统、辅助装置
   D. 机床主体、控制系统、尾座、床身、主轴箱

6. 车刀的前刀面是指（　　）。
   A. 加工时刀片与工件相对的表面
   B. 加工时切削经过的刀片表面
   C. 刀片与已加工表面相对的表面
   D. 刀片上不与切削接触的表面

7. 车刀的主偏角是指（　　）。
   A. 前刀面与加工基面之间的夹角
   B. 后刀面与切削平面之间的夹角
   C. 主切削平面与假定进给运动方向之间的夹角
   D. 主切削刃与基面之间的夹角

8. 车刀前角主要影响（　　）。
   A. 切削变形和切削力的大小
   B. 刀具磨损程度的大小
   C. 切削时切屑的流向
   D. 刀具的散热

9. 以下材料中可以用于车刀刀片的是（　　）。
   A. 高速钢
   B. 普通碳素钢
   C. 铸铁
   D. 球墨铸铁

10. 数控车床的主运动一般采用（　　）的方式变速。

A. 齿轮传动　　　　B. 带传动　　　　C. 变频　　　　D. 增大驱动力矩

11. 数控车床刀架的位置布置形式有（　　）两大类。

A. 前置式和后置式　B. 排式和转塔式　C. 筒式和管式　　D. 蜗轮蜗杆式和齿轮式

12. 数控车床加工的主要几何要素为（　　）。

A. 斜线和直线　　　B. 斜线和圆弧　　C. 直线和圆弧　　D. 圆弧和曲线

13. 用三个支承点对工件的平面进行定位，能消除其（　　）的自由度。

A. 一个平动和两个转动　　　　　　B. 三个转动

C. 一个转动和两个平动　　　　　　D. 三个平动

14. 数控车削加工内孔的深度受（　　）两个因素的限制。

A. 车床床身长度和导轨长度

B. 车床床身长度和内孔刀（镗刀）安装距离

C. 车床的有效长度和内孔刀（镗刀）的有效长度

D. 车床床身长度和内孔刀（镗刀）长度

15. 在数控车床上使用"试切法"进行对刀时，可以采用保留（　　）的方法。

A. 普通车刀　　　　B. 钻头　　　　　C. 立铣刀　　　　D. 基准刀

16. 有些高速钢铣刀或硬质合金铣刀的表面涂敷一层 TiC 或 TiN 等物质，其目的是（　　）。

A. 使刀具更美观　　　　　　　　　B. 提高刀具的耐磨性

C. 切削时降低刀具的温度　　　　　D. 抗冲击

17. 车削中心与数控车床的主要区别是（　　）。

A. 刀库的刀具数量多少　　　　　　B. 有动力刀具和 C 轴

C. 机床精度的高低

18. 车削工件的端面时，刀尖高度应（　　）工件中心。

A. 高于　　　　　　B. 低于　　　　　C. 等高于　　　　D. 前三种方式都可以

19. 数控机床坐标系的确定是假定（　　）。

A. 刀具、工件都不运动　　　　　　B. 工件相对静止的刀具而运动

C. 刀具、工件都运动　　　　　　　D. 刀具相对静止的工件而运动

20. 零件的加工精度应包括以下几部分内容（　　）。

A. 尺寸精度　　　　　　　　　　　B. 尺寸精度、几何形状精度和相互位置精度

C. 尺寸精度、形状精度和表面粗糙度　D. 几何形状精度和相互位置精度

21. 回零操作就是使运动部件回到（　　）。

A. 机床坐标系原点　　　　　　　　B. 机床的机械零点

C. 工件坐标的原点

22. 数控机床与普通机床主机的最大不同是数控机床的主机采用（　　）。

A. 数控装置　　　　B. 滚动导轨　　　C. 滚珠丝杠

23. 图样中螺纹的底径线用（　　）线绘制。

A. 粗实　　　　　　B. 细点画　　　　C. 细实　　　　　D. 虚

24. 切削的三要素有进给量、切削深度和（　　）。

A. 切削厚度　　　　B. 切削速度　　　C. 进给速度　　　D. 切削宽度

25. 选择刀具起刀点时应考虑（　　）

A. 防止与工件或夹具干涉碰撞　　　　B. 方便工件安装与测量

C. 每把刀具刀尖在起始点重合　　　　D. 必须选择工件外侧

26. 精车时的切削用量一般是以（　　）为主。

A. 提高生产率　　B. 降低切削功率　　C. 保证加工质量　　D. 提高表面质量

27. 车削用量的选择原则是：粗车时，一般应首先选择尽可能（　　），最后确定一个合适的切削速度 v。

A. 大的背吃刀量 a_p，其次选择较大的进给量 f

B. 小的背吃刀量 a_p，其次选择较大的进给量 f

C. 大的背吃刀量 a_p，其次选择较小的进给量 f

D. 小的背吃刀量 a_p，其次选择较小的进给量 f

28. 影响数控尺寸加工精度的因素很多，提高工件的质量有很多措施，但（　　）不能提高加工精度。

A. 将绝对编程改变为增量编程　　　　B. 正确选择车刀类型

C. 控制刀尖中心高误差　　　　　　　D. 减小刀尖圆弧半径对加工的影响

29. 采用固定循环编程，可以（　　）。

A. 加快切削速度，提高加工质量　　　B. 缩短程序的长度，减少程序所占的内存

C. 减少换刀次数，提高切削速度　　　D. 减少背吃刀量，保证加工质量

30. 能改善材料加工性能的措施是（　　）。

A. 增大刀具前角　　B. 适当的热处理　　C. 减小切削用量

31. 螺纹的综合测量使用（　　）。

A. 金属直尺　　　　B. 游标卡尺　　　　C. 螺纹千分尺　　　　D. 螺纹量规

32. 数控系统常用的两种插补功能是（　　）。

A. 直线插补和圆弧插补　　　　　　　B. 直线插补和抛物线插补

C. 圆弧插补和抛物线插补　　　　　　D. 螺纹线插补和抛物线插补

33. G42 指令的含义是（　　）。

A. 直线插补　　　　B. 圆弧插补　　　　C. 刀具半径右补偿　　D. 刀具半径左补偿

34. G91　G00　X50.0　Z−20.0 表示（　　）。

A. 刀具按进给速度移至机床坐标系 X = 50mm，Z = −20mm 点

B. 刀具快速移至机床坐标系 X = 50mm，Z = −20mm 点

C. 刀具快速向 X 正方向移动 50mm，Z 负方向移动 20mm

D. 编程错误

35. 数控车床的坐标系采用（　　）法则判定 X、Z 的正方向，根据 ISO 标准，在编程时采用（　　）的规则。

A. 右手、刀具相对静止而工件运动　　B. 右手、工件相对静止而刀具运动

C. 左手、工件随工作台运动　　　　　D. 左手、刀具随主轴移动

36. 数控车床的 M 指令是（　　）功能。

A. 主轴　　　　　　B. 辅助　　　　　　C. 进给　　　　　　D. 刀具

37. 加工回转体类零件时，应选择的数控机床是数控（　　）。

A. 车床　　　　　　　B. 铣床　　　　　　　C. 钻床　　　　　　　D. 镗床

38. 精车选择切削用量时，应选择（　　　）。

A. 较大的 v、f　　　　　　　　　　B. 较小的 v、f

C. 较小的 v，较大的 f　　　　　　　D. 较大的 v，较小的 f

39. 进行数控编程时，应首先设定（　　　）。

A. 机床原点　　　　B. 固定参考点　　　　C. 机床坐标系　　　　D. 工件坐标系

40. 程序编制中首件试切的作用是（　　　）。

A. 检验零件图样的正确性

B. 检验零件工艺方案的正确性

C. 检验程序或控制介质的正确性，并检验是否满足加工精度的要求

D. 仅检验数控穿孔带的正确性

（二）判断题（第 41 题 ~ 第 60 题，将判断结果填入括号中，正确的填"√"，错误的填"×"，每题 1 分，满分 20 分）

41. 对于点位控制的数控机床，刀具相对零件的运动路线是无关紧要的。　　　　（　　　）

42. 积屑瘤不改变切削刃的形状，但直接影响加工精度。　　　　　　　　　　（　　　）

43. 杠杆式百分表的测杆轴线与被测表面的角度可任意选择。　　　　　　　　（　　　）

44. 在蜗轮蜗杆传动中，通常蜗轮是主动件。　　　　　　　　　　　　　　　（　　　）

45. 当三相负载作星形联结时，必须接中线。　　　　　　　　　　　　　　　（　　　）

46. 钢的晶粒因过热而粗化时，有变脆的倾向。　　　　　　　　　　　　　　（　　　）

47. $\phi(25 \pm 0.12)\mathrm{mm}$ 工件的公差为 0.10mm。　　　　　　　　　　　　　（　　　）

48. 公差等级的选择原则是：在满足使用性能要求的前提下，选用较低的公差等级。

（　　　）

49. 位置公差是指关联实际要素的位置对基准所允许的变动全量。　　　　　　（　　　）

50. 车刀出现卷刃和崩刃现象属于正常磨损。　　　　　　　　　　　　　　　（　　　）

51. 用 G02 或 G03 编制整圆时，不能用半径编程，必须用圆心坐标编程。　　（　　　）

52. 数控机床传动丝杠反方向间隙是不能补偿的。　　　　　　　　　　　　　（　　　）

53. 在 G00 程序段中，不需要编写 F 指令。　　　　　　　　　　　　　　　（　　　）

54. FMS 的中文含义是计算机集成制造系统。　　　　　　　　　　　　　　（　　　）

55. 每个程序段内只允许有一个 G 指令。　　　　　　　　　　　　　　　　（　　　）

56. 编制程序时，一般以机床坐标系零点为坐标原点。　　　　　　　　　　　（　　　）

57. 为防止工件变形，夹紧部位应尽可能靠近支承件。　　　　　　　　　　　（　　　）

58. 机床参考点通常设在机床各轴工作行程的极限位置上。　　　　　　　　　（　　　）

59. 滚珠丝杠的传动效率高、刚度大，可以预紧以消除间隙，但不能自锁。　　（　　　）

60. 车削脆性材料时，一定要在车刀前刀面磨出断屑槽。　　　　　　　　　　（　　　）

参考答案

（一）单项选择题（第 1 题 ~ 第 40 题，选择一个正确的答案，将相应的字母填入题内的括号中，每题 2 分，满分 80 分）

1. C　　2. D　　3. B　　4. A　　5. C　　6. B　　7. C　　8. A　　9. A　　10. C

11. A　12. C　13. A　14. C　15. D　16. B　17. B　18. C　19. D　20. B

21. B　22. A　23. C　24. C　25. A　26. C　27. A　28. A　29. C　30. A

31. D　32. A　33. C　34. D　35. A　36. B　37. A　38. D　39. D　40. C

（二）判断题（第41题～第60题，将判断结果填入括号中，正确的填"√"，错误的填"×"，每题1分，满分20分）

41. √　42. ×　43. ×　44. ×　45. √　46. √　47. ×　48. √　49. √

50. ×　51. √　52. ×　53. √　54. ×　55. ×　56. ×　57. √　58. ×

59. √　60. √

二、操作技能试卷

1. 零件图

数控车工职业技能（中级）考核试卷05零件图如试卷图5所示。

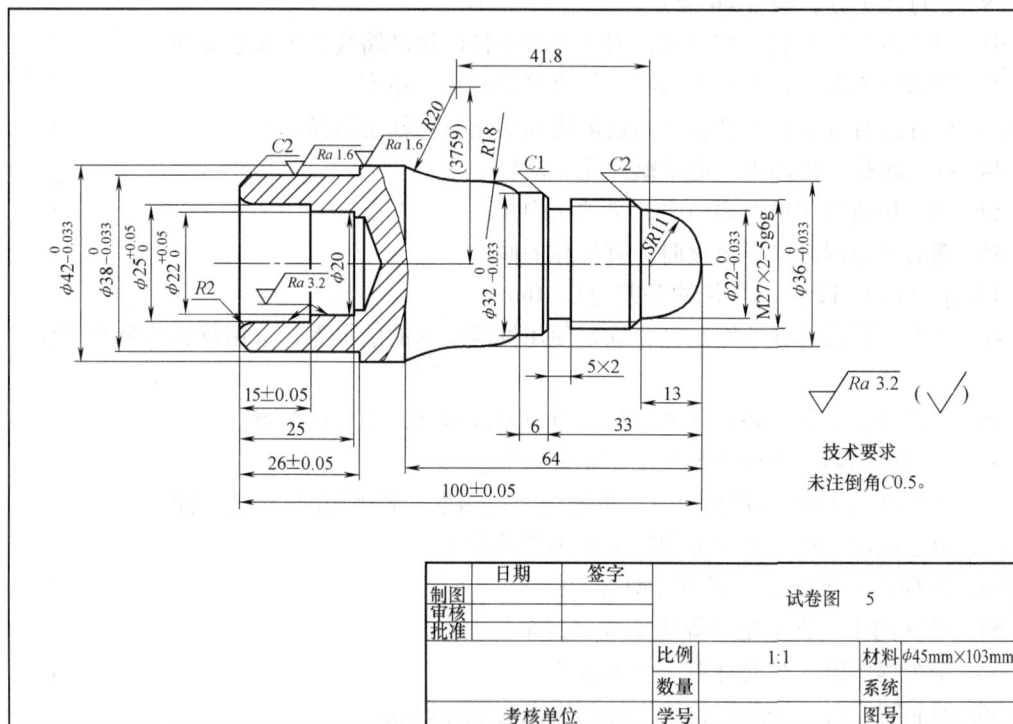

试卷图　5

2. 工具、量具、刀具、辅具准备清单

数控车工职业技能（中级）考核试卷05工具、量具、刀具、辅具准备清单见试卷表9。

试卷表　9

序号	名　称	规　格	数量	备　注
1	游标卡尺	0～150mm	1	
2	千分尺	0～25mm、25～50mm	各1	

（续）

序号	名　称	规　格	数量	备　注
3	螺纹千分尺	25～50mm	1	
4	半径样板	$R1～R6.5mm$、$R7～R15mm$	各1	
5	内径量表	18～35mm	1	
6	百分表及表座	0～10mm	1	
7		端面车刀	1	
8		外圆车刀	2	副偏角大于30°
9		三角形螺纹车刀	1	
10	刀具	切槽、切断车刀	1	宽4～5mm、长25mm
11		镗孔车刀	1	孔径$\phi20mm$，长30mm
12		钻头 $\phi20mm$	1	
13		中心钻 A3 型	1	
14		垫片若干、油石、0.2mm 厚铜皮等		
15	辅具	函数型计算器		
16		其他车工常用辅具		
17	材料	45 钢，$\phi45mm×103mm$		
18	数控系统	SINUMERIK、FANUC 或华中 HNC 数控系统		

3. 评分记录表

数控车工职业技能（中级）考核试卷05 评分记录表见试卷表　10。

试卷表　10

评分记录表

单位　　　　　　　　　　准考证号　　　　　　　　　　姓名

检测项目		技　术　要　求		配分	评分标准	检测结果	得分
外圆	1	$\phi42_{-0.033}^{0}$ mm	$Ra1.6\mu m$	5/2	超差 0.01mm 扣 3 分，降级无分		
	2	$\phi38_{-0.033}^{0}$ mm	$Ra1.6\mu m$	5/2	超差 0.01mm 扣 3 分，降级无分		
	3	$\phi32_{-0.033}^{0}$ mm	$Ra1.6\mu m$	5/2	超差 0.01mm 扣 3 分，降级无分		
	4	$\phi22_{-0.033}^{0}$ mm	$Ra3.2\mu m$	5/2	超差 0.01mm 扣 3 分，降级无分		
内孔	5	$\phi25_{0}^{+0.05}$ mm	$Ra3.2\mu m$	5/2	超差 0.01mm 扣 3 分，降级无分		
	6	$\phi22_{0}^{+0.05}$ mm	$Ra3.2\mu m$	5/2	超差 0.01mm 扣 3 分，降级无分		
圆弧	7	$SR11mm$	$Ra3.2\mu m$	3/2	超差、降级无分		
	8	$R18mm$	$Ra3.2\mu m$	3/2	超差、降级无分		
	9	$R20mm$	$Ra3.2\mu m$	3/2	超差、降级无分		
螺纹	10	M27×2-5g6g	大径	3	超差无分		
	11	M27×2-5g6g	中径	5	超差无分		
	12	M27×2-5g6g	两侧 $Ra3.2\mu m$	6	降级无分		
	13	M27×2-5g6g	牙型角	4	不符合无分		

（续）

检测项目		技 术 要 求	配分	评分标准	检测结果	得分
沟槽	14	5mm×2mm 两侧 $Ra3.2\mu m$	2/2	超差、降级无分		
长度	15	（100±0.05）mm	3	超差无分		
	16	（15±0.05）mm	3	超差无分		
	17	（26±0.05）mm	3	超差无分		
	18	64mm,33mm,25mm,13mm	各2	超差无分		
其他	19	倒角	2	不符合无分		
	20	未注倒角	2	不符合无分		
	21	安全操作规程		每次违反扣10分		
总 配 分			100	总 得 分		

零件名称			图号		加工日期 年 月 日	
加工开始 时 分		停工时间 min		加工时间	检测	
加工结束 时 分		停工原因		实际时间	评分	

附　　录

附录 A　FANUC 0i 系统数控车床常用指令表

FANUC 0i 系统数控车床常用指令表见附表 1。

附表 1　FANUC 0i 系统数控车床常用指令

代码	意　义	格　式
G00	快速进给、定位	G00 X __ Z __
G01	直线插补	G01 X __ Z __ F __
G02	圆弧插补 CW(顺时针)	$\left\{\begin{array}{l}G02\\G03\end{array}\right\}X\_Z\_\left\{\begin{array}{l}R\_\\I\_K\_\end{array}\right\}F\_$
G03	圆弧插补 CCW(逆时针)	
G04	暂停	G04[X/U/P] X、U 单位:s;P 单位:ms(整数)
G20	英制输入	
G21	米制输入	
G28	回参考点	G28 X __ Z __
G29	由参考点返回	G29 X __ Z __
G32	切削螺纹(由参数指定绝对和增量)	G32　X(U)__Z(W)__F(E)__ F 指单位为 0.01mm/r 的螺距,E 指单位为 0.0001mm/r 的螺距
G40	刀具补偿取消	G40
G41	左半径补偿	$\left\{\begin{array}{l}G41\\G42\end{array}\right\}D\_$
G42	右半径补偿	
G50		设定工件坐标系:G50 X __ Z __ 偏移工件坐标系:G50 U __ W __
G53	机械坐标系选择	G53　X __ Z __
G54	选择工作坐标系 1	
G55	选择工作坐标系 2	
G56	选择工作坐标系 3	G × ×
G57	选择工作坐标系 4	
G58	选择工作坐标系 5	
G59	选择工作坐标系 6	
G70	精加工循环	G70 P(n_s)　Q(n_f)
G71	外圆粗车循环	G71 U(Δd) R(e) G71 P(n_s) Q(n_f) U(Δu) W(Δw) F(f)
G72	端面粗切削循环	G72　W(Δd)　R(e) G72　P(n_s)　Q(n_f)　U(Δu)　W(Δw)　F(f)　S(s)　T(t) Δd:背吃刀量 e:退刀量 n_s:精加工程序段组中第一个程序段的顺序号 n_f:精加工程序段组中最后程序段的顺序号 Δu:X 方向精加工余量的距离及方向 Δw:Z 方向精加工余量的距离及方向

（续）

代码	意　义	格　式
G73	封闭切削循环	G73 U(i)　W(Δk)　R(α) G73 P(n$_s$)　Q(n$_f$)　U(Δu)　W(Δw)　F(f)
G74	端面切削循环	G74 R(e) G74 X(U)＿Z(W)＿P(Δi)　Q(Δk)　R(Δd)　F(f) e:返回量 Δi:X方向的移动量 Δk:Z方向的背吃刀量 Δd:孔底的退刀量 f:进给速度
G75	内径/外径切断循环	G75 R(e) G75 X(U)＿Z(W)＿P(Δi)　Q(Δk)　R(Δd)　F(f)
G76	复合型螺纹切削循环	G76 P(m)(r)(α)　Q(Δd$_{min}$)　R(d) G76 X(u)＿Z(W)＿R(i)　P(k)　Q(Δd)　F＿ m:最终精加工的重复次数,选择范围为1~99 r:螺纹的精加工量(倒角量) α:刀尖的角度,可选择80、60、55、30、29、0六个种类 m、r、α用地址P一次指定 Δd$_{min}$:最小背吃刀量 i:螺纹部分的半径差 k:螺纹的牙型高度 Δd:第一次的背吃刀量 F:螺纹导程
G90	直线车削循环	G90 X(U)＿Z(W)＿F＿ G90 X(U)＿Z(W)＿R＿F＿
G92	螺纹车削循环	G92 X(U)＿Z(W)＿F＿ G92 X(U)＿Z(W)＿R＿F＿
G94	端面车削循环	G94 X(U)＿Z(W)＿F＿ G94 X(U)＿Z(W)＿R＿F＿
G98	每分钟进给速度	
G99	每转进给速度	

注：本系统中车床采用直径编程。

附录 B　常用切削用量表

　　硬质合金刀具切削用量推荐表见附表2，常用切削用量推荐表见附表3。

附表2　硬质合金刀具切削用量推荐表

刀具材料	工件材料	粗　加　工			精　加　工		
		切削速度/ (m/min)	进给量/ (mm/r)	背吃刀量/ mm	切削速度/ (m/min)	进给量/ (mm/r)	背吃刀量 /mm
硬质合金 或涂层硬质 合金	碳钢	220	0.2	3	260	0.1	0.4
	低合金钢	180	0.2	3	220	0.1	0.4
	高合金钢	120	0.2	3	160	0.1	0.4
	铸铁	80	0.2	3	120	0.1	0.4

（续）

刀具材料	工件材料	粗加工			精加工		
		切削速度/ （m/min）	进给量/ （mm/r）	背吃刀量/ mm	切削速度/ （m/min）	进给量/ （mm/r）	背吃刀量 /mm
硬质合金 或涂层硬质 合金	不锈钢	80	0.2	2	60	0.1	0.4
	钛合金	40	0.2	1.5	150	0.1	0.4
	灰铸铁	120	0.2	2	120	0.15	0.5
	球墨铸铁	100	0.2	2	120	0.15	0.5
	铝合金	1600	0.2	1.5	1600	0.1	0.5

附表3 常用切削用量推荐表

工件材料	加工内容	背吃刀 a_p/mm	切削速度 v_c/（m/min）	进给量 f/（mm/r）	刀具材料
碳素钢 $\delta_b > 600$MPa	粗加工	5 ~ 7	60 ~ 80	0.2 ~ 0.4	YT 类
	粗加工	2 ~ 3	80 ~ 120	0.2 ~ 0.4	
	精加工	2 ~ 6	120 ~ 150	0.1 ~ 0.2	
碳素钢 $\delta_b > 600$MPa	钻中心孔	—	500 ~ 800	—	W18Cr4V
	钻孔	—	25 ~ 30	—	
	切断（宽度 <5mm）	70 ~ 110	0.1 ~ 0.2		YT 类
铸铁 HBW <200	粗加工	—	50 ~ 70	0.2 ~ 0.4	YG 类
	精加工	—	70 ~ 100	0.1 ~ 0.2	
	切断（宽度 <5mm）	50 ~ 70	0.1 ~ 0.2	—	

附录 C 数控车床安全操作规程

为了正确合理地使用数控车床，减少其故障发生率，操作人员必须按安全操作规程进行操作。

1. 安全操作基本注意事项

1）工作时，应穿好工作服、安全鞋，戴好工作帽及防护镜，不允许戴手套操作车床。

2）不要移动或损坏安装在车床上的警告标牌。

3）不要在车床周围放置障碍物，工作空间应足够大。

4）如果某一项工作需要两人或多人共同完成，应注意相互间的协作。

5）不允许使用压缩空气清理车床、电气柜和 NC 单元。

2. 工作前的准备工作

1）车床开始工作前要进行预热，认真检查润滑系统的工作是否正常，如果车床长时间未开动，可先采用手动方式向各部分供给润滑油。

2）使用的刀具应与车床允许的规格相符，发现严重破损的刀具应及时更换。

3）调整刀具时，所用工具不要遗忘在车床内。

4）较大尺寸轴类零件的中心孔应大小合适，如果中心孔太小，则工作中易发生危险。

5）刀具安装好后应进行一两次试切削。

6）检查卡盘夹紧工件的状态。

7）开动车床前，必须关好车床防护门。

3. 工作过程中的安全注意事项

1）禁止用手接触刀尖和铁屑，铁屑必须用铁钩子或毛刷来清理。

2）禁止用手或身体其他部位接触正在旋转的主轴、工件或其他运动部位。

3）禁止在加工过程中修改加工程序、变速，更不能在加工过程中用棉丝擦拭工件和清扫车床。

4）在车床运转过程中，操作者不可以离开岗位，车床发生异常现象时应立即停下车床。

5）经常检查轴承，当其温度过高时，应找相关人员及时进行检查。

6）在加工过程中，不允许打开车床防护门。

7）严格遵守岗位责任制，车床由专人使用并负责，其他人使用必须经专用人同意。

8）工件伸出车床 100mm 以上时，应在伸出位置设置防护物。

4. 工作完成后的注意事项

1）清除切屑、擦拭车床，使车床与环境保持清洁状态。

2）注意检查和更换车床导轨上已磨损的油擦板。

3）经常检查润滑油、切削液的状态，及时添加或更换。

4）依次关掉车床操作面板上的电源和总电源。

附录 D　数控车床的维护与保养

数控车床的维护与保养方法见附表 4。

附表 4　数控车床的维护与保养

序号	检查周期	检 查 部 位	检 查 要 求
1	每天	导轨润滑油箱	检查油标、油量，及时添加润滑油，润滑油泵能定时起动抽油和停止
2	每天	X、Z 轴导轨面	清除切屑和脏物，保证润滑油充分，导轨面无划伤等损坏
3	每天	车床液压系统	油箱、液压泵无异常噪声，压力表指示正常，管路及接头无泄漏，工作油面高度正常
4	每天	电气柜散热通风装置	电气柜冷却风扇工作正常，过滤网无堵塞
5	每天	CNC 输入/输出单元	连接可靠，清除灰尘
6	每天	车床防护装置	防护罩、导轨等无松动
7	每月	检测装置	编码器、光栅尺等连接可靠，无油液或灰尘污染
8	每月	车床电气元件	继电器、接触器、变压器等应工作正常，触点接触完好
9	每半年	滚珠丝杠	清洗丝杠，涂上新油脂，并调整轴向间隙
10	每半年	车床液压系统	清洗各液压阀、过滤器、油箱，更换或过滤液压油
11	每半年	X、Z 轴进给轴的轴承	清洗轴承，更换润滑脂
12	每年	润滑液压泵及过滤器	清洗润滑油箱及过滤器
13	不定期	检查各轴导轨上镶条、压滚轮的松紧状态	按车床说明书调整

（续）

序号	检查周期	检 查 部 位	检 查 要 求
14	不定期	排屑器	经常清理切屑,检查有无切屑堆积、卡住等
15	不定期	调整主轴驱动带的松紧	按车床说明书调整

附录 E 数控车工国家职业标准

1. 职业概况

（1）职业名称 数控车工。

（2）职业定义 编制数控加工程序并操作数控车床进行零件车削加工的人员。

（3）职业等级 本职业共设四个等级,分别为:中级（国家职业资格四级）、高级（国家职业资格三级）、技师（国家职业资格二级）、高级技师（国家职业资格一级）。

（4）职业环境 室内、常温。

（5）职业能力特征 具有较强的计算能力和空间感,形体知觉及色觉正常,手指、手臂灵活,动作协调。

（6）基本文化程度 高中毕业（或同等学历）。

（7）培训要求

1）培训期限。全日制职业教育学校根据其培养目标和教学计划确定培训期限。晋级培训期限:中级不少于 400 标准学时,高级不少于 300 标准学时,技师不少于 200 标准学时,高级技师不少于 200 标准学时。

2）培训教师。培训中、高级人员的教师应取得本职业技师及以上等级的职业资格证书,或相关专业中级及以上等级的专业技术职称任职资格;培训技师的教师应取得本职业高级技师职业资格证书,或相关专业高级专业技术职称任职资格;培训高级技师的教师应取得本职业高级技师职业资格证书 2 年以上,或取得相关专业高级专业技术职称任职资格 2 年以上。

3）培训场地设备。满足教学要求的标准教室、计算机机房,以及配套的软件、数控车床及必要的刀具、夹具、量具和辅助设备等。

（8）鉴定要求

1）适用对象。从事或准备从事本职业的人员。

2）申报条件。

① 中级（具备以下条件之一者）:

a. 经本职业中级正规培训,达到规定标准学时,并取得结业证书。

b. 连续从事本职业工作不少于 5 年。

c. 取得经劳动保障行政部门审核认定的,以中级技能为培养目标的中等以上职业学校本职业（或相关专业）的毕业证书。

d. 取得相关职业中级职业资格证书后,连续从事相关职业不少于 2 年,经数控车工正规培训,并取得毕业证书。

② 高级（具备以下条件之一者）:

a. 取得本职业中级职业资格证书后，连续从事本职业工作不少于 2 年，经本职业高级正规培训，达到规定标准学时，并取得结业证书。

b. 取得本职业中级职业资格证书后，连续从事本职业工作不少于 4 年。

c. 取得劳动保障行政部门审核认定的，以高级技能为培养目标的职业学校本职业（或相关专业）的毕业证书。

d. 大专以上本专业或相关专业毕业生，经本职业高级正规培训，达到规定标准学时，并取得结业证书。

③ 技师（具备以下条件之一者）：

a. 取得本职业高级职业资格证书后，连续从事本职业工作不少于 4 年，经本职业技师正规培训，达到规定标准学时，并取得结业证书。

b. 取得本职业高级职业资格证书的职业学校本职业（专业）毕业生，连续从事本职业工作不少于 2 年，经本职业技师正规培训达规定标准学时，并取得结业证书。

c. 取得本职业高级职业资格证书的本科（含本科）以上本专业或相关专业的毕业生，连续从事本职业工作不少于 2 年，经本职业技师正规培训达规定标准学时，并取得结业证书。

④ 高级技师：

取得本职业技师职业资格证书后，连续从事本职业工作不少于 4 年，经本职业高级技师正规培训达规定标准学时，并取得结业证书。

3）鉴定方式。分为理论知识考试和技能操作考核。理论知识考试采用闭卷方式，技能操作考核（含软件应用）采用现场实际操作和计算机软件操作的方式。理论知识考试和技能操作考核（含软件应用）均实行百分制，成绩皆达 60 分及以上者为合格。技师和高级技师还需要进行综合评审。

4）考评人员与考生配比。理论知识考试考评人员与考生的配比为 1∶15，每个标准教室不少于 2 名相应级别的考评人员；技能操作考核（含软件应用）考评人员与考生的配比为 1∶2，且不少于 3 名相应级别的考评人员；综合评审委员不少于 5 人。

5）鉴定时间。理论知识考试的时间为 120 分钟。技能操作考核中实际操作的时间为：中级、高级不超过 240 分钟，技师和高级技师不超过 300 分钟；技能操作考核中计算机软件操作的考试时间不超过 120 分钟，技师和高级技师的综合评审时间不少于 45 分钟。

6）鉴定场所和设备。理论知识考试在标准教室进行，软件应用考试在计算机机房进行，技能操作考核在配备必要的数控车床及刀具、夹具、量具和辅助设备的场所进行。

2. 基本要求

（1）职业道德

1）职业道德基本知识。

2）职业守则：

① 遵守国家法律、法规和有关规定。

② 具有高度的责任心，爱岗敬业、团结合作。

③ 严格执行相关标准、工作程序与规范、工艺文件和安全操作规程。

④ 学习新知识、新技能，勇于开拓和创新。

⑤ 爱护设备、系统及工具、夹具、量具。

⑥ 着装整洁，符合规定；保持工作环境清洁有序，文明生产。

（2）数控车工的基础知识

1）基础理论知识：

① 机械制图的基本知识。

② 工程材料及金属热处理的基本知识。

③ 关于机电液控制的基本知识。

④ 相关计算机的基础知识。

⑤ 相关专业英语的基础知识。

2）机械加工基础知识：

① 机械原理、切削加工、数控车床等方面的基本知识。

② 常用车床设备的相关知识（分类、用途、基本结构及维护保养方法）。

③ 常用金属切削刀具的材料、力学性能等知识。

④ 典型零件的加工工艺（曲线轮廓的加工、特殊螺纹的加工等）。

⑤ 设备润滑和切削液的选择方法和使用方法。

⑥ 工具、夹具、量具的使用与维护知识。

⑦ 卧式车床、钳工基本操作知识。

3）安全文明生产与环境保护知识：

① 现场的安全操作与劳动保护的相关知识。

② 文明生产知识。

③ 环境保护知识。

4）质量管理知识：

① 企业的质量管理方针及对员工的基本要求。

② 岗位的质量要求及对员工工作质量的要求。

③ 岗位的质量保证措施与责任。

5）相关法律、法规知识：

① 劳动法与安全保护法的相关知识。

② 环境保护法与知识产权保护法的相关知识。

3. 数控车工的工作要求

本标准对中级车工、高级车工、技师和高级技师的技能要求依次递进，高级别涵盖低级别的要求。中级车工、高级车工、技师和高级技师的技能要求分别见附表5、附表6、附表7和附表8。

附表5　中级车工技能要求

职业功能	工作内容	技　能　要　求	相　关　知　识
加工准备	读图与绘图	1. 能读懂中等复杂程度零件（如曲轴）的零件图 2. 能绘制简单的轴、盘类零件的零件图 3. 能读懂进给机构、主轴系统的装配图	1. 复杂零件的表达方法 2. 简单零件图的画法 3. 零件三视图、局部视图和剖视图的画法 4. 装配图的画法
	制定加工工艺	1. 能读懂复杂零件的数控加工工艺文件 2. 能编制简单（轴、盘）零件的数控加工工艺文件	数控车床加工工艺文件的制定

（续）

职业功能	工作内容	技 能 要 求	相 关 知 识
加工准备	零件的定位与装夹	能使用通用夹具(如三爪自定心卡盘、四爪单动卡盘)进行零件的装夹与定位	1. 数控车床常用夹具的使用方法 2. 零件定位、装夹的原理和方法
	刀具的准备	1. 能够根据数控加工工艺文件选择、安装和调整数控车床的常用刀具 2. 能够刃磨常用的车削刀具	1. 金属切削与刀具磨损知识 2. 数控车床常用刀具的种类、结构和特点 3. 数控车床、零件材料、加工精度和工作效率对刀具的要求
数控编程	手工编程	1. 能编制由直线、圆弧组成的二维轮廓数控加工程序 2. 能编制螺纹加工程序 3. 能够运用固定循环、子程序编制零件的加工程序	1. 数控编程知识 2. 直线插补和圆弧插补的原理 3. 坐标点的计算方法
	计算机辅助编程	1. 能够使用计算机绘图设计软件绘制简单(轴、盘、套)零件图 2. 能够利用计算机绘图软件计算节点	计算机绘图软件(二维)的使用方法
数控车床的操作	操作面板	1. 能够按照操作规程起动及停止车床 2. 能使用操作面板上的常用功能键(如回零、手动、MDI、修调等)	1. 数控车床操作说明书 2. 数控车床操作面板的使用方法
	程序的输入与编辑	1. 能够通过各种途径(如DNC、网络等)输入加工程序 2. 能够通过操作面板编辑加工程序	1. 数控加工程序的输入方法 2. 数控加工程序的编辑方法 3. 网络知识
	对刀	1. 能进行对刀并确定相关坐标系 2. 能设置刀具参数	1. 对刀的方法 2. 坐标系的知识 3. 刀具偏置补偿、半径补偿与刀具参数的输入方法
	程序的调试与运行	能够对程序进行校验、单步执行、空运行，并完成零件的试切	程序的调试方法
零件的加工	轮廓的加工	1. 能进行轴、套类零件的加工，并达到以下要求： 1)尺寸公差等级为IT6 2)几何公差等级为IT8 3)表面粗糙度值为$Ra1.6\mu m$ 2. 能进行盘类、支架类零件的加工，并达到以下要求： 1)轴径公差等级为IT6 2)孔径公差等级为IT7 3)几何公差等级为IT8 4)表面粗糙度值为$Ra1.6\mu m$	1. 内、外径的车削加工方法、测量方法 2. 几何公差的测量方法 3. 表面粗糙度的测量方法
	螺纹的加工	能进行普通三角形螺纹、锥螺纹的加工，并达到以下要求： 1)尺寸公差等级为IT6～IT7级 2)几何公差等级为IT8 3)表面粗糙度值为$Ra1.6\mu m$	1. 常用螺纹的车削加工方法 2. 螺纹加工中的参数计算
	槽的加工	能进行内径槽、外径槽和端面槽的加工，并达到以下要求： 1)尺寸公差等级为IT8 2)几何公差等级为IT8 3)表面粗糙度值为$Ra3.2\mu m$	内、外径槽和端面槽的加工方法

（续）

职业功能	工作内容	技　能　要　求	相　关　知　识
零件的加工	孔的加工	能进行孔的加工,并达到以下要求: 1)尺寸公差等级为IT7 2)几何公差等级为IT8 3)表面粗糙度值为 $Ra3.2\mu m$	孔的加工方法
	零件的精度检验	能够进行零件的长度、内外径、螺纹、角度的精度检验	1. 通用量具的使用方法 2. 零件精度的检验及测量方法
数控车床的维护与精度检验	数控车床的日常维护	能够根据说明书完成数控车床的定期和不定期的维护保养,包括机械、电、气、液压、数控系统的检查和日常保养等	1. 数控车床说明书 2. 数控车床日常保养方法 3. 数控车床操作规程 4. 数控系统(进口与国产)使用说明书
	数控车床的故障诊断	1. 能读懂数控系统的报警信息 2. 能发现数控车床的一般故障	1. 数控系统的报警信息 2. 车床的故障诊断方法
	数控车床的精度检验	能够检查数控车床的常规几何精度	数控车床常规几何精度的检查方法

附表6　高级车工技能要求

职业功能	工作内容	技　能　要　求	相　关　知　识
加工准备	读图与绘图	1. 能够读懂中等复杂程度零件(如刀架)的装配图 2. 能够根据装配图拆画零件图 3. 能够测绘零件	1. 根据装配图拆画零件图的方法 2. 零件的测绘方法
	制定加工工艺	能编制复杂零件的数控加工工艺文件	复杂零件数控加工工艺文件的制订
	零件的定位与装夹	1. 能选择和使用数控车床组合夹具和专用夹具 2. 能分析并计算车床夹具的定位误差 3. 能够设计与自制装夹辅具(如心轴、轴套、定位件等)	1. 数控车床组合夹具和专用夹具的使用、调整方法 2. 专用夹具的使用方法 3. 夹具定位误差的分析与计算方法
	刀具的准备	1. 能够合理选择刀具及刀具附件 2. 能够根据难加工材料的特点,选择刀具的材料、结构和几何参数 3. 能够刃磨特殊车削刀具	1. 专用刀具的种类、用途、特点和刃磨方法 2. 切削难加工材料时的刀具材料和几何参数的确定方法
数控编程	手工编程	能运用变量编程编制含有公式曲线零件的数控加工程序	1. 固定循环和子程序的编程方法 2. 变量编程的规则和方法
	计算机辅助编程	能用计算机绘图软件绘制装配图	计算机绘图软件的使用方法
	数控加工仿真	能利用数控加工仿真软件实施加工过程仿真,以及加工代码检查、干涉检查、工时估算	数控加工仿真软件的使用方法
零件的加工	轮廓的加工	能进行细长、薄壁零件的加工,并达到以下要求: 1)轴径公差等级为IT6 2)孔径公差等级为IT7 3)几何公差等级为IT8 4)表面粗糙度值为 $Ra1.6\mu m$	细长、薄壁零件的加工特点及装卡、车削方法

（续）

职业功能	工作内容	技 能 要 求	相 关 知 识
零件的加工	螺纹的加工	1. 能进行单线和多线 T 形螺纹、锥螺纹的加工,并达到以下要求: 1)尺寸公差等级为 IT6 2)几何公差等级为 IT8 3)表面粗糙度值为 Ra1.6μm 2. 能进行变节距螺纹的加工,并达到以下要求: 1)尺寸公差等级为 IT6 2)几何公差等级为 IT7 3)表面粗糙度值为 Ra1.6μm	1. T 形螺纹、锥螺纹加工中的参数计算方法 2. 变节距螺纹的车削加工方法
	孔的加工	能进行深孔的加工,并达到以下要求: 1)尺寸公差等级为 IT6 2)几何公差等级为 IT8 3)表面粗糙度值为 Ra1.6μm	深孔的加工方法
	配合的件加工	能按装配图上的技术要求对配合件进行加工和组装,配合公差达到 IT7 级	配合件的加工方法
	零件的精度检验	1. 能够在加工过程中使用百(千)分表等进行在线测量,并进行加工技术参数的调整 2. 能够进行多线螺纹的检验 3. 能进行加工误差分析	1. 百(千)分表的使用方法 2. 多线螺纹的精度检验方法 3. 误差分析的方法
数控车床的维护与精度检验	数控车床的日常维护	1. 能判断数控车床的一般机械故障 2. 能完成数控车床的定期维护保养	1. 数控车床机械故障的种类及其排除方法 2. 数控车床的液压原理和常用液压元件
	数控车床的精度检验	1. 能够进行车床几何精度的检验 2. 能够进行车床切削精度的检验	1. 车床几何精度检验的内容与方法 2. 车床切削精度检验的内容与方法

附表7　技师技能要求

职业功能	工作内容	技 能 要 求	相 关 知 识
加工准备	读图与绘图	1. 能绘制工装装配图 2. 能读懂常用数控车床的机械结构图及装配图	1. 工装装配图的画法 2. 常用数控车床的机械原理图及装配图的画法
	制定加工工艺	1. 能编制高难度、高精密、特殊材料零件的多工种数控加工工艺文件 2. 能对零件的数控加工工艺进行合理性分析,并提出改进建议 3. 能推广应用新知识、新技术、新工艺、新材料	1. 零件的多工种工艺分析方法 2. 数控加工工艺方案合理性的分析方法及改进措施 3. 特殊材料的加工方法 4. 新知识、新技术、新工艺、新材料
	零件的定位与装夹	能设计与制造零件的专用夹具	专用夹具的设计与制造方法
	刀具的准备	1. 能够依据切削条件和刀具条件估算刀具的使用寿命 2. 根据刀具的使用寿命计算并设置相关参数 3. 能推广应用新刀具	1. 切削刀具的选用原则 2. 延长刀具使用寿命的方法 3. 刀具新材料、新技术 4. 刀具使用寿命参数的设定方法
数控编程	手工编程	能够编制车削中心、铣削中心的三轴及三轴以上(含旋转轴)的加工程序	编制车削中心、铣削中心加工程序的方法

（续）

职业功能	工作内容	技 能 要 求	相 关 知 识
数控编程	计算机辅助编程	1. 能用计算机辅助设计/制造软件进行车削零件的造型和生成加工轨迹 2. 能够根据不同的数控系统进行后置处理并生成加工代码	1. 三维造型和编辑 2. 计算机辅助设计/制造软件（三维）的使用方法
	数控加工仿真	能够利用数控加工仿真软件分析和优化数控加工工艺	数控加工仿真软件的使用方法
零件的加工	轮廓的加工	1. 能编制数控加工程序车削多拐曲轴并达到以下要求： 1）直径公差等级为IT6 2）表面粗糙度值为 $Ra1.6\mu m$ 2. 能编制数控加工程序，对适合在车削中心加工的带有车削、铣削等工序的复杂零件进行加工	1. 多拐曲轴车削加工的基本知识 2. 用车削加工中心加工复杂零件的车削方法
	配合件的加工	能进行两件（含两件）以上、具有多处尺寸链配合的零件的加工	多尺寸链配合零件的加工方法
	零件的精度检验	能根据测量结果对加工误差进行分析并提出改进措施	1. 精密零件的精度检验方法 2. 检具设计知识
数控车床的维护与精度检验	数控车床的维护	1. 能够分析和排除液压和机械故障 2. 能借助字典阅读数控设备的主要外文信息	1. 数控车床常见故障的诊断及排除方法 2. 数控车床专业外文知识
	数控车床的精度检验	能够进行车床定位精度、重复定位精度的检验	车床定位精度检验、重复定位精度检验的内容及方法
培训与管理	操作指导	能指导本职业中级、高级人员进行实际操作	操作指导书的编写方法
	理论培训	1. 能对本职业中级、高级和技师人员进行理论培训 2. 能系统地讲授各种切削刀具的特点和使用方法	1. 培训讲义的编写方法 2. 切削刀具的特点和使用方法
	质量管理	能在本职工作中认真贯彻各项质量标准	相关质量标准
	生产管理	能协助部门领导进行生产计划、调度及人员的管理	生产管理基本知识
	技术改造与创新	能够进行加工工艺、夹具、刀具的改进	数控加工工艺综合知识

附表8　高级技师技能要求

职业功能	工作内容	技 能 要 求	相 关 知 识
工艺分析与设计	读图与绘图	1. 能绘制复杂的工装装配图 2. 能读懂常用数控车床的电气、液压原理图	1. 复杂工装的设计方法 2. 常用数控车床电气、液压原理图的画法
	制定加工工艺	1. 能对高难度、高精密零件的数控加工工艺方案进行优化并实施 2. 能编制多轴车削中心的数控加工工艺文件 3. 能够对零件加工工艺提出改进建议	1. 复杂、精密零件加工工艺的系统知识 2. 车削中心、铣削中心加工工艺文件的编制方法
	零件的定位与装夹	能对现有的数控车床夹具进行误差分析并提出改进建议	误差分析方法
	刀具的准备	能根据零件要求设计刀具，并提出制造方法	刀具的设计与制造知识

（续）

职业功能	工作内容	技 能 要 求	相 关 知 识
零件的加工	异形零件的加工	能解决高难度(如十字座类、连杆类、叉架类等异形零件)零件车削加工的技术问题、并制定工艺措施	高难度零件的加工方法
	零件的精度检验	能够制定高难度零件加工过程中的精度检验方案	在机械加工全过程中影响质量的因素及提高质量的措施
数控车床的维护与精度检验	数控车床的维护	1. 能借助字典看懂数控设备的主要外文技术资料 2. 能够针对车床运行现状，合理调整数控系统的相关参数 3. 能根据数控系统的报警信息判断数控车床的故障	1. 数控车床专业外文知识 2. 数控系统报警信息
	数控车床的精度检验	能够进行车床定位精度、重复定位精度的检验	车床定位精度和重复定位精度的检验方法
	数控设备网络化	能够借助网络设备和软件系统实现数控设备的网络化管理	数控设备网络接口及相关技术
培训与管理	操作指导	能指导本职业中级、高级和技师人员进行实际操作	指导书的编写方法
	理论培训	能对本职业中级、高级和技师人员进行理论培训	培训讲义的编写方法
	质量管理	能应用全面质量管理知识，实现操作过程的质量分析与控制	质量分析与控制方法
	技术改造与创新	能够组织实施技术改造和创新，并撰写相应的论文	科技论文的撰写方法

4. 数控车工职业鉴定的比重表

理论知识考核比重表见附表9，技能操作考核比重表见附表10。

附表9　理论知识考核

项　　目		中级(%)	高级(%)	技师(%)	高级技师(%)
基本要求	职业道德	5	5	5	5
	基础知识	20	20	15	15
相关知识	加工准备	15	15	30	—
	数控编程	20	20	10	—
	数控车床的操作	5	5	—	—
	零件的加工	30	30	20	15
	数控车床的维护与精度检验	5	5	10	10
	培训与管理	—	—	10	15
	工艺分析与设计	—	—	—	40
合　　计		100	100	100	100

附表10　技能操作考核

项　　目		中级(%)	高级(%)	技师(%)	高级技师(%)
技能要求	加工准备	10	10	20	—
	数控编程	20	20	30	—
	数控车床的操作	5	5	—	—

（续）

	项　目	中级(%)	高级(%)	技师(%)	高级技师(%)
技能要求	零件的加工	60	60	40	45
	数控车床的维护与精度检验	5	5	5	10
	培训与管理	—	—	5	10
	工艺分析与设计	—	—	—	35
	合　计	100	100	100	100

5. 试卷的组成及考核注意事项

（1）试卷的组成

1）一套完整的试卷包括"准备通知单"、"试题正文"和"评分记录表"。

2）"评分记录表"包括扣分、得分、备注以及考评人员签字，该部分内容由考评人员填写，考生不得填写。

（2）计分　考核采用百分制，60分为合格。

（3）考核时间

1）必须在规定时间内完成所有操作技能考核项目的鉴定内容，不得超时。

2）在特殊情况下，须与考评人员商定后酌情处理。

3）在某一试题考试中节余的时间不能在另一试题考试中使用。

4）总考试时间为各模块下典型试题考试时间的总和。

试卷头中准考证号、考生单位及姓名由考生填写，得分情况由考评人员填写。考生在拿到试卷后应首先检查试卷是否和自己所报考的工种、级别一致。

5）考生要注意提高快速、准确地解决实际问题的能力，并做好考前的针对性练习、考场的适应性练习。

考场的适应性练习是指在临近考试前，考生均应到技能鉴定考试现场进行考前适应性练习。要熟悉鉴定考试现场的环境和准备的仪器仪表、工具、量具和设备；要根据鉴定范围，演练一两个具有代表性且综合性强的项目，以熟悉操作内容，减轻考前的焦虑紧张，增强信心，以便在考试时发挥应有的水平。

（4）重要提示

1）考生必须听从鉴定现场工作人员的统一指挥，按准考证的要求进入指定的考场、考位。

2）携带准考证、身份证等证件。

3）工作服、工作帽、绝缘鞋等符合电工作业相关的安全要求。

4）仔细阅读试卷，明确考题和考核要求，形成正确的操作思路。

5）心态稳定、镇静、自信。

6）严格按照操作程序进行。

7）把握好时间，以便获得完整的、正确的考核结果，以免因时间不够而影响考核成绩。

8）考核过程中一旦发生事故，要沉着冷静，积极配合考务人员做好处理工作。

参 考 文 献

[1] 贾恒旦. 数控车工 [M]. 北京：航空工业出版社，2008.

[2] 袁锋. 数控车床培训教程 [M]. 北京：机械工业出版社，2005.

[3] 沈建峰，朱勤惠. 数控车床技能鉴定考点分析和试题集萃 [M]. 北京：化学工业出版社，2007.

[4] 孙伟伟. 数控车工实习与考级——华中世纪星系统 [M]. 北京：高等教育出版社，2009.

[5] 陈子银. 数控车工技能实战演练 [M]. 北京：国防工业出版社，2007.

[6] 李银涛. 数控车床编程与职业技能鉴定实训 [M]. 北京：化学工业出版社，2009.